孟子选注（高中版）

金帆◎编

海峡出版发行集团
THE STRAITS PUBLISHING & DISTRIBUTING GROUP
福建教育出版社

图书在版编目（CIP）数据

孟子选注：高中版/金帆编．—福州：福建教育出版社，2018.7（2020.11重印）
（何捷主编）
ISBN 978-7-5334-8114-8

Ⅰ．①孟…　Ⅱ．①金…　Ⅲ．①儒家②《孟子》—注释
Ⅳ．①B222.52

中国版本图书馆 CIP 数据核字（2018）第 075154 号

主编　何捷

Mengzi Xuanzhu（Gaozhong Ban）

孟子选注（高中版）

金帆　编

出版发行　福建教育出版社
（福州市梦山路 27 号　邮编：350025　网址：www.fep.com.cn
编辑部电话：0591-83786690
发行部电话：0591-83721876　87115073　010-62027445）
出 版 人　江金辉
印　　刷　北京一鑫印务有限责任公司
（北京市顺义区北务镇政府西200米 邮编：101300）
开　　本　960 毫米×1280 毫米　1/32
印　　张　7.75
字　　数　153 千字
版　　次　2018 年 7 月第 1 版　2020 年 11 月第 2 次印刷
书　　号　ISBN 978-7-5334-8114-8
定　　价　31.00 元

总 序 | *FOREWORD*

人生那么短，有时间就读经典

每个人成年后，都有一个难以回避的遗憾——童年的时光那样珍贵，而我们却常常无端浪费。

在我看来，童年，就是阅读的大好时光。有一句心里话，与大家分享：“儿时正是读书时。”你不得不承认，小时候拥有最自由的阅读时间。虽然说那些让人讨厌的作业整天形影不离缠着你，虽然说学习看起来还真的不是那样简单，但和未来要承担繁重工作的你相比，儿时的你，的确有大把大把的时间可以自由支配。儿时，还是最有精力的时候，只有等到你长大，或者像我一样到了中年，你才会知道什么叫做“牵绊”，什么叫做“分散”，什么叫做“心有余而力不足”。而等你感受到的时候，就是遗憾降临的时候。至今清楚地记得，相对于如今的我而言，小的时候我也曾精力充沛，而不能原谅的是，却看着时间大把大把地从我的生命中流逝。

最重要的是，儿时是最能琢磨出读书趣味的时候。因为小，所以你的无知也显得可爱，所以什么都值得你读一读。儿时的好学就是特质，似乎什么都值得你了解，什么对于你来说都是新鲜的。世界上的一切都在召唤你去探索，去改变。无疑，阅读是最佳的方式。阅读，最经济，最简单，最直接，最有效；不知道的，感兴趣的，都可以通过阅读来获取。

这样看来，读书是不二的选择，这点毋庸置疑了。只是要知道：小的时候读了多少？读了什么？怎么读？这些几乎决定了你未来怎么成长，长得好不好，长成什么样。接下来我们就说说“为什么要读经典”。

很多人对我的童年读书经历很感兴趣。他们从我的课堂上，从我出版的教学专著中，做了很多猜测：课上成这样，书出版得这么多，小的时候，他一定读过不少书吧。不然，怎么这样能写，如此能说？大家猜对了，我小的时候，书的确读得多。不过我读的更多的是大家瞧不上的“小人书”，一共好几个抽屉呢。请不要笑话哦，在我童年的那个年代，能够读几个抽屉小人书，一定是“家境优越”“家风正派”的。我的爸爸是党报的编辑，他非常重视我和姐姐的阅读，因此，他花了很多钱，为我们购买了这些小人书。这在当时，算得上是一种奢侈品。所以，我的童年过得是有滋有味的。记不清具体是哪一年，依稀是四年级吧，有一天妈妈下班回来，带给我几页金庸先生写的《射雕英雄传》的残页。所谓“残页”，就是工厂印刷失败后留下的废纸啦。妈妈在新华印刷厂工作，她为我捡回这些残页，并没有太多想法，只是丢给我，让我随便看看。没想到这一看，我就像着了魔似的，开始如饥似渴地读起金庸的武侠小说来，一本接着一本，根本停不下来，真正是到了可以不吃饭、不睡觉也要看的地步。读了如此有意思的书后，那些小人书就排不上队了。瞧，好的作品有曲折动人的情节，有活生生的有血有肉的人物，有精致诱人的细节，有让人沉醉其间的魅力。后来，小学时的每一个中午，我都是捧着厚厚的金庸小说睡着的。再后来，我还把自己的网名起为“语文老顽童”，你一定明白，这是深深地受到了经典武侠小说的影响。

阅读经典，就像用针在你的灵魂里纹绣美图。

中学时，书读得少了。到了师范学校，我全心全意地修炼教师基本功，读得也不够。做了老师，阅读的缺损就来惩罚我了。课设计得很单薄，言论没有内涵，很浅薄，一切都显得轻飘飘的。这个时候，依然是妈妈告诉我：别慌，可以用读书去改变。于是，在妈妈的鼓励下，我又一次开始阅读。真的有惊喜啊，小时候所有的阅读体验都在重新阅读时顺利复活了。阅读，其实就是一种记忆的唤醒，就是一种微火的吹燃。儿童时代所有的阅读，都构成了我们的阅读历史，构成了我们的生命，都成为我们不断成长的动力。儿时阅读，是至关重要的。

我还欣喜地发现：当老师爱上阅读，学生自然爱上阅读。

教师引导儿童阅读，绝非难事，但不要过于强调，大张旗鼓。一个老师爱读书，所带的班级学生自然也爱读书。所以，起初我主张自由阅读，并不做具体的推荐。孩子读得很随意，他们喜欢那些像“饮料”一样，乍一看很刺激的书。虽然读了，但读得不对，进步自然很慢，甚至言行还出现偏差。读什么书，对人的影响是巨大的。后来，我让他们更多关注经典这一类犹如“粮食”一样的书，情况一下得到了好转。什么是像“粮食”一样的经典呢？首先，这些书并不哗众取宠地讨好你，相反，也许你初读时并不感觉“好在哪里”，甚至还有些“读不懂”，或者是读了，有感觉了，但一切都是恬淡的、舒适的、自然的，只是的确有一种说不清楚的诱惑力，让你舍不得放下。之后，你再读，可能就会品出其中的滋味了。这种感觉让人难忘，简直说是无法磨灭。再后来，你也许会不断主动重复阅读，因为你的身体、心灵都在要求你再读一读，你已经和这些经典的书融合在一起了。经典，已经化为你的血液了。这如同粮食对人的给养，让你慢慢成长。在此之后的一生中，无论遇到什么样的情况，经逢各种各样的事，你的脑海中都会冒出一个形象，一个桥段，一个细节，它们都存活在经典中，都在冥冥中给你力量，给你帮助。这就是经典带来的力量。于是，你做出了一个很有意思的决定——把这本书推荐给身边最亲爱的人。

明白了吧，这就是我今天为什么向你推荐这套经典读物的原因了。我也是被经典打动、滋养的。我怎么能独享？当然要和你一起欣赏。

这套近百部的经典，已经不需要再次罗列书名了。对你来说，它们简直就像老朋友，真有一种“低头不见抬头见”的亲切感。但我相信，这一次你阅读它们，阅读这一套丛书，会有很多新的收获。我接下来和大家说说“如何读才好”。

经典，已经摆在我们面前，该怎么去读呢？答案很简单，三个字——慢慢读。

经典是最值得你花时间去品味，去琢磨，甚至多读几遍的。我敢保证，每一次阅读你都会有不同的发现。我希望，你可以不断进步，让阅读的层次不断提升，越读越会读。比如说，有的人读经典，只喜欢其中叙述的故事。的确，故事很精彩，但光是停留在故事，停留在内容，就等于你开采到了一块宝石，但是你却抚摸包裹在外的石衣，还没有看到真正璀璨的光芒。只读故事，损失了经典十分之九的色彩。有的孩子已经知道读经典是需要手到、眼到、口到、心到的，可以做些笔记、摘抄，做一些批注，还可以写一些随想、感受，等等。长期这样阅读经典，等于同时养成一个习惯，让自己的读写能力完成日积月累的增长。一段时间以后，你的语言也发生了变化，你的文章越发的漂亮，你看问题的角度也变得与众不同，这就叫“腹有诗书气自华”。记住，好习惯是需要日积月累的，坚持就是你永远应该保持的姿态。

必须说明，还有一种小孩非常特别。他们读书时善于思考。每次接触经典，他们都会去思考：到底这样的经典是怎么写成的呢？为什么这些故事会流传到今天呢？为什么至今还有那么多人喜欢呢？

带着探索的心，一边想，一边读，你将层层剥笋，如获至宝。每读一次都将增长读与写的功力，变得能读善写。比如说读了《水浒传》，你会发现每个好汉都有他的绰号，而绰号和好汉的特点是相关的，你开始琢磨作者是怎么去构思并写出这么多各具特色的人物呢，哪些细节让我们留下对人物深刻的印象呢。再比如说你发现《西游记》中有一个故事叫“三打白骨精”，《三国演义》中有个故事叫“三顾茅庐”，还有“三气周瑜”，《水浒传》中有“三打祝家庄”的故事。为什么都是“三”呢？是巧合吗？难道真是发生了三次吗？读得多了，你会发现这也许就是一种创作的手法吧。再往下读，你又会看到许许多多的作品中居然都有这个神秘的“三”的存在，慢慢地你就会用“三”的结构来写自己的故事。看，你不就又成长了吗?

阅读了这套书，接触过近百部经典之后，你会非常欢喜，因为收获满满，实实在在。这时候，我希望你把这些经典推荐给自己的小伙伴，或者，直接跟同伴讲这些经典故事吧。经典本身就需要被口耳相传，经典本身就可以通过一次又一次的接力传承下去。你甚至会发现，身边处处都是这些经典的影子。例如，有的经典被拍成电影，有的经典化为一个个细小的话题，有的值得进行专项的研究性学习、主题研究，等等。读经典，让整个人都变了。读经典的妙用就在于“陶冶性灵，变化气质”。

童年正在流逝，还等什么？赶紧读经典吧！

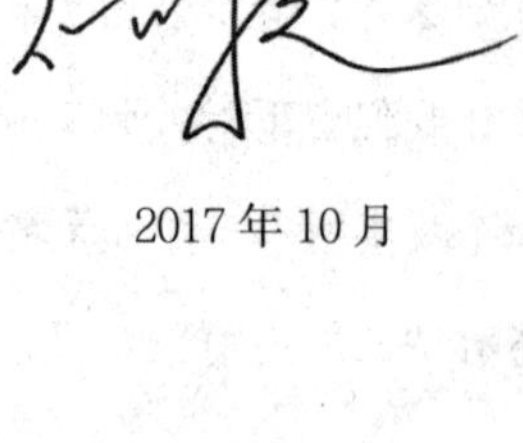

2017年10月

目 录 | *CONTENTS*

《孟子选注》（高中版）导读方案

一、掌握重点实词和虚词的含义

学习文言文，首先要掌握和积累丰富的文言词汇。文言文中的基本词汇大多与现代汉语意义相同，这些较好理解；但有些词，古今意义不同，学习文言文要特别注意这些词；另外，一些文言虚词，如“之”“乎”“者”“其”之类，意义比较宽泛，在不同的语言环境里，它们的意思和用法可能不同，这就需要联系上下文，正确理解。

“庶民攻之”，这里的“攻”不是攻打的意思，而是建造的意思。

“寡人之于国也”，“之”作为一个重要的虚词，含义很多，在翻译时我们需要联系上下文的意思来看。此处的“之”是用在主谓之间，起取消句子独立性的作用，不用翻译。

二、掌握正确翻译句子的方法

古文翻译的要求一般被归纳为信、达、雅三项。“信”是指译文要准确地反映作品的含义，避免曲解原文内容；“达”是指译文应该通顺、晓畅，符合现代汉语语法规范；“雅”是指译文不仅应准确、通顺，而且应生动、优美，能再现原作的风格神韵。

古文翻译的方法主要有“直译”和“意译”两种。直译，指紧扣原文，按原文的字词和句子进行对等翻译的今译方法。它要求忠实于原文，确切表达原意，保持原文的本来面貌；意译，指在透彻理解原文内容的基础上，为体现原作神韵、风貌而进行整体翻译的今译方法。我们在翻译《孟子》时，要结合这两种翻译方法，以“直译”为主,“意译”为辅，做到既忠实于原文，又言辞畅达、文采斐然。

“庖有肥肉，厩有肥马，民有饥色，野有饿莩，此率兽而食人也。”

译文为：厨房里有肥嫩的肉，马栏里有健壮的马，可是老百姓面带饥色，野外躺着饿死的人，这是在上位的人率领着野兽吃人哪！

这段译文紧扣原文，字词落实，句法结构基本上与原文对等，属于直译。但对直译又不能作简单化理解，由于古今汉语在文字、词汇、语法等方面的差异，今译时对原文作一些适当的调整是必要的，并不破坏直译。

三、感受《孟子》语言凝练的艺术特色

《孟子》由孟子与其弟子编著，是儒家重要经典之一。其艺术风格为：感情充沛、言辞机敏、气势雄健。文章大多是长篇大论，属于比较成熟的说理文。《孟子》语言凝练、思想深刻，一些语句千百年来广为传诵，至今仍活跃在人们的语言中。

“不以规矩，不能成方圆”“顾左右而言他”“富贵不能淫，贫贱不能移，威武不能屈”等，在我们的学习和生活中就常被用到。

其中的一些名句，典雅凝练，内涵丰富，思想深遂，在人们不断引用的过程中被简化、压缩，形成了成语、格言、典故。

“明察秋毫”“缘木求鱼”，字里行间使人感受到了《孟子》言辞机敏、气势雄健的说理特点。

四、挖掘《孟子》中蕴含的深刻道理

《孟子》是儒家的重要典籍之一，是中国政治伦理和社会伦理的基石，它囊括了道德、仁爱、教育等诸多方面的思想；它启迪着人们自觉修身、完善自我，去追求人生的最高精神境界，实现人生的自我价值和社会价值。《孟子》中蕴含的道理，即使放在我们现在，仍有极强的指导意义。

“老吾老，以及人之老；幼吾幼，以及人之幼。”

译文为：尊敬自家的老人，进而推广到尊敬别人家的老人；爱护自家的孩子，进而推广到爱护别人家的孩子。

这里就要求我们不仅要关心和爱护自家的老人和孩子，还要关心和爱护他人，这种博爱的思想在今天对我们也有极强的教育意义。

王立于沼上

战国时代，魏国比较强大。孟子游说魏惠王，希望他能采纳自己的主张。本章孟子提出了贤明君主之乐在于“与民同乐”。当梁惠王站于池塘边问“贤者亦乐此乎”时，孟子从贤者与不贤者两种人谈起。他认为，只有“与民偕乐，故能乐也”的君主才是贤者，如《诗经》中所歌颂的贤者文王；不贤者，“民欲与之偕亡，虽有台、池、鸟、兽”也是感觉不到快乐的，如《尚书》中所记载的夏桀。两种形象构成鲜明对比，从而让统治者作出一个明确的选择。因此，孟子的思想归结为一点：乐与不乐在于贤与不贤。

原文

孟子见梁惠王[①]。王立于沼上，顾鸿、雁、麋、鹿，曰：“贤者亦乐此乎？”

孟子对曰：“贤者而后乐此，不贤者虽有此，不乐也。《诗》云[②]：‘经始灵台[③]，经之营之；庶民攻[④]之，不日[⑤]成之。经始勿亟[⑥]，庶民子来[⑦]；王在灵囿[⑧]，麀鹿攸伏[⑨]。’‘麀鹿濯濯[⑩]，白鸟鹤鹤[⑪]。王在灵沼[⑫]，於物[⑬]鱼跃。’文王以民力为台为沼，而民欢乐之，谓其台曰‘灵台’，谓其沼曰‘灵沼’，乐其有麋、鹿、鱼、鳖。古之人与民偕乐，故能乐也。《汤誓》[14]曰：‘时日害丧[15]，予及女[16]偕亡！’民欲与之偕亡，虽有台、池、鸟、兽，岂能独乐哉？”

译文

孟子拜见梁惠王。梁惠王站在池塘边上，一面顾盼着鸿雁麋鹿等飞禽走兽，一面说：“贤人也高兴享受这一快乐吗？”

孟子回答说：“只有贤人才能够享受这些快乐，不贤的人就算有这些东西，也是不能够快乐的。《诗经》中说：‘王开始规划营造灵台，经营又经营；百姓齐努力，几天便完成。王说不着急，百姓更卖力；王游灵苑中，母鹿正安逸。母鹿肥胖毛色润，白鸟洁净羽毛丰。王游到灵沼，满池鱼欢跳。’周文王虽然用了老百姓的力量来修建高台深池，可是老百姓非常高兴，并把那个台叫作‘灵台’，把那个池叫作‘灵沼’，以那里面有麋鹿鱼鳖等珍禽异兽为快乐。古代的君王与民同乐，所以能真正快乐。相反，《汤誓》中说：‘你这太阳（夏桀）啊，什么时候毁灭呢？我宁肯与你一起毁灭！’老百姓恨不得与他同归于尽，即使他有高台深池、珍禽异兽，难道能独自享受快乐吗？”

---

①梁惠王：即魏惠王，他在位时，把国都由安邑（今山西夏县西北）迁到大梁（今河南开封），故魏国又称梁国，魏王又称梁王。

②《诗》云：下面所引的是《诗经·大雅·灵台》中的句子，全诗共四章，文中引的是前两章，主要歌颂周文王德行。

③经始：开始规划营造。灵台：台名，旧址在今陕西省鄠县以东。

④攻：建造。

⑤不日：不几天。

⑥亟：急。

⑦庶民子来：老百姓像儿子似的（更卖力地）来修建灵台。

⑧囿：古代帝王畜养禽兽的园林。

⑨麀（yōu）鹿：母鹿。攸：所。

⑩濯（zhuó）濯：肥胖而有光泽的样子。

⑪鹤鹤：羽毛洁白的样子。

⑫灵沼：池名。

⑬於（wū）：赞叹词。牣（rèn）：满。

⑭《汤誓》:《尚书》中的一篇，记载商汤王讨伐夏桀时的誓师词。

⑮时日害丧：这太阳什么时候毁灭呢？时，这。日，太阳。害，通“曷”，何，何时。丧，毁灭。

⑯予及女：我和你。女，通“汝”，你。

寡人之于国也

战国时，国与国之间的竞争主要在土地、人口上。梁惠王面临饥荒之灾，采取移民和移粟两种手段，可谓尽心而为，但没有达到“远者来”的效果。孟子针对此问题展开了治理国家策略的叙述。孟子借用“五十步笑百步”的寓言故事来说明，梁惠王的做法与他国的差别不在本质，而在程度。孟子认为，真正要达到“国人悦，异国来”的效果，需要使民安居乐业。具体方法：一是不违农时，不夺农时；二是谨庠序之教，申孝悌之义。如此则黎民百姓安居乐业，那么国家就没有不强大的。这是孟子对梁惠王执政方式的一种引导，也是孟子对自己政治理想的一个描绘。

原文

梁惠王曰：“寡人之于国也，尽心焉耳矣①。河内凶②，则移其民于河东，移其粟于河内；河东凶亦然③。察邻国之政，无如④寡人之用心者。邻国之民不加少⑤，寡人之民不加多，何也？”

孟子对曰：“王好战，请以战喻⑥。填然鼓之，兵刃既接，弃甲曳兵而走⑦。或百步而后止，或五十步而后止。以[8]五十步笑百步，则何如？”

曰：“不可，直[9]不百步耳[10]，是亦走也。”

曰：“王如知此，则无[11]望民之多于邻国也。不违[12]农时，谷不可胜[13]食也；数[14]罟[15]不入洿池[16]，鱼鳖不可胜食也；斧斤[17]以时[18]入山林，材木不可胜用也。谷与鱼鳖不可胜食，材木不可胜用，是使民养生丧死[19]无憾也。养生丧死无憾，王道之始[20]也。

“五亩之宅，树之以桑，五十者可以衣帛矣；鸡、豚、狗、彘之畜，无失其时，七十者可以食肉矣；百亩之田，勿夺其时，数口之家可以无饥矣；谨庠序之教，申之以孝悌之义，颁白者不负戴于道路矣。七十者衣帛食肉，黎民不饥不寒，然而不王者[21]，未之有也。

“狗彘食人食而不知检，涂有饿莩而不知发。人死，则曰：‘非我也，岁也。’是何异于刺人而杀之，曰：‘非我也，兵也。’王无罪岁，斯天下之民至焉[22]。”

译文

梁惠王说：“我治理梁国，真是费尽心力了。黄河以北的地方遇到饥荒，我便把那里的百姓迁移到黄河以东的地方，同时把黄河以东地方的部分粮食运到黄河以北。黄河以东的地方遇到饥荒，我也这样办。我曾经考察过邻国的政事，没有谁能像我这样尽心的。可是，邻国的百姓并不因此减少，我的百姓并不因此增多，这是什么缘故呢？”

孟子回答说：“大王喜欢战争，那就请允许我用战争来比喻使您明白吧。咚咚地敲着战鼓，两军的兵器已经开始接触，有些士兵就抛下盔甲，拖着兵器向后逃跑。有的士兵跑了一百步停住脚，有的士兵跑了五十步停住脚。如果凭借跑了五十步的士兵，耻笑跑了一百步的士兵，那么怎么样？”

梁惠王说：“不可以。他只不过没有跑到一百步罢了，这也是逃跑呀。”

孟子说：“大王既然懂得这个道理，那就不要希望自己的百姓比邻国多了。不耽误农业生产的季节，粮食便会吃不完；细密的渔网不到深的池沼里去捕，鱼鳖就会吃不光；砍伐树木要按一定的季节，木材就会用不尽。粮食和鱼鳖吃不完，木材用不尽，那么百姓便对生养死葬没有什么不满。百姓对生养死葬没有什么不满，就是王道的开端了。

“在五亩住宅的场地种植桑树，那么，五十岁以上的人都可以穿丝绸了。鸡狗和猪等家畜，不要错过繁殖的时节，那么，七十岁以上的老人都可以吃肉了。每家人有百亩的耕地，不要耽误其生产季节，那么，几口人的家庭可以不挨饿了。认真地兴办学校教育，把尊敬父母、敬爱兄长的道理反复讲给百姓听，那么，头发花白的老人就不会在路上背着或者顶着东西了。七十岁以上的老人有丝绸穿，有肉吃，普通百姓饿不着、冻不着，这样还不能使天下归附，是从来不曾有过的。

“现在的梁国呢，（诸侯贵族家的）猪狗吃百姓所吃的食物，却不加以约束制止；道路上有饿死的人，却不打开粮仓赈济。老百姓死了，就说：‘这不是我的罪过，是年成不好。’这种说法和拿着刀子杀死了人，却说‘这不是我杀的，是兵器杀的’又有什么不同呢？大王不要归咎于年成不好，那么天下的老百姓就都会来归顺了。”

---

①尽心焉耳矣：真是费尽心力了。尽心，费尽心思。焉耳矣，虚词，增强语气。

②凶：谷物收成不好，荒年。

③亦然：也是这样。

④无如：没有像。

⑤加少：更少。加，更。

⑥王好战，请以战喻：大王喜欢战争，请让我用战争来比喻。好（hào），喜欢。请，请允许我。

⑦填然鼓之，兵刃既接，弃甲曳兵而走：咚咚地敲着战鼓，兵器已经接触，抛弃铠甲拖着兵器逃跑。填，拟声词，模拟鼓声。然，……的样子。鼓，敲鼓。兵，兵器，武器。接，接触，交锋。曳，拖着。走，逃跑。

⑧以：凭借。

⑨直：只是，只不过。

⑩耳：罢了。

⑪无：通“毋”，不要。

⑫违：违反，耽误。

⑬胜（shēng）：尽，完全。

⑭数（cù）：密。

⑮罟（gǔ）：网。

⑯洿池：深池，池塘。洿，深。

⑰斤：斧子一类的工具。

⑱以时：按一定的季节。

⑲生：活人。丧：办丧事。死：死人。

⑳始：开端。

㉑五亩：相当于现在的一亩二分地。树：种植。桑：桑树。衣：穿。豚：小猪。畜：畜养。时：繁殖的季节。夺：强迫改变。谨：慎重，重视，这里指认真从事。庠、序：都指学校。教：教化。申：反复陈述。颁：通“斑”，斑白。负：背着东西。戴：用头顶着东西。黎民：百姓。王（wàng）：称王，使天下百姓归顺。

㉒检：制止，约束。涂：通“途”，路上。饿莩(piǎo)：饿死的人。发：打开，特指开仓赈民。岁：年成。罪：归咎。斯：则，那么。

寡人愿安承教

本章是《寡人之于国也》一章的延续。在本章之中，孟子提出了“杀人以政”的观点。孟子从杀人以梃与刃没有区别入手，引出杀人以刃和政也没有区别的结论。这是对诸侯暴政一针见血的揭露和批判。文中形象地指出“庖有肥肉，厩有肥马，民有饥色，野有饿莩”的状况，是统治者“率兽而食人”的政治表现。同时，我们由此自然地想到了杜甫的诗句“朱门酒肉臭，路有冻死骨”，真是异代而同理。由此可见，孟子认识问题是非常深刻的。孟子认为这样的政治管理是不可能出现仁政的，并引用孔子的话来予以强调。

原文

梁惠王曰：“寡人愿安①承教。”

孟子对曰：“杀人以梃②与刃，有以异乎？”

曰：“无以异也。”

“以刃与政，有以异乎？”

曰：“无以异也。”

曰：“庖③有肥肉，厩④有肥马，民有饥色，野有饿莩，此率兽而食人也！兽相食，且人恶之[5]；为民父母，行政不免于率兽而食人，恶[6]在其为民父母也？仲尼曰：'始作俑者[7]，其无后乎！'为其象[8]人而用之也。如之何其使斯民饥而死也？"

译文

梁惠王说："我很乐意听您的指教。"

孟子问："用木棒打死人和用刀子杀死人有什么不同吗？"

梁惠王说："没有什么不同。"

孟子又问："用刀子杀死人和用政治害死人有什么不同吗？"

梁惠王回答："没有什么不同。"

孟子于是说："（诸侯贵族的）厨房里有肥嫩的肉，马栏里有健壮的马，可是老百姓面带饥色，野外躺着饿死的人，这是在上位的人率领着野兽来吃人啊！野兽自相残杀，人尚且厌恶它们；作为老百姓的父母官，施行政治却不免于率领野兽来吃人，那又怎么能够做老百姓的父母官呢？孔子说：'最初采用土偶木偶陪葬的人，该是会断子绝孙吧！'这不过是因为土偶木偶太像活人而被用来陪葬罢了。那样做尚且不可，又怎么可以使老百姓活活地饿死呢？"

---

①安：乐意。

②梃（tǐng）：木棒。

③庖（páo）：厨房。

④厩（jiù）：马栏。

⑤且人恶（wù）之：按现在的词序，应是“人且恶之”。且，尚且。

⑥恶（wū）：疑问代词，何，怎么。

⑦始作俑（yǒng）者：指最初采用土偶、木偶陪葬的人。后来成为成语，指首开恶劣风气的人。俑，古代陪葬用的土偶、木偶。在用土偶、木偶陪葬之前，经历了一个用活人陪葬的阶段。后来生产力提高，劳动力的重要性日益凸显，才改用土偶和木偶陪葬。

⑧象：同“像”。

晋国天下莫强焉

孟子在本章之中，提出了著名的“仁者无敌”的政治论断。“晋国，天下莫强焉”——这里的晋国指的是魏国，这句话是对梁惠王的祖父和父亲，也就是魏文侯和魏武侯在世时的强大而言的。惠王上台后，魏齐之战、魏秦之战、魏楚之战中，魏国皆败。为此，魏王向孟子发出强国之问。孟子认为，应通过省刑罚、薄税敛、深耕易耨、修孝悌忠信等仁政来实现强国。同时，孟子举秦楚之国的情况以说明不行仁政的危害。权衡二者，自然推出“仁者无敌”的结论。

原文

梁惠王曰：“晋国①，天下莫强②焉，叟之所知也。及寡人之身，东败于齐，长子死焉③；西丧地于秦七百里④；南辱于楚⑤。寡人耻之，愿比死者壹洒之⑥，如之何则可？”

孟子对曰：“地方百里⑦而可以王。王如施仁政于民，省刑罚，薄税敛，深耕易耨⑧；壮者以暇日修其孝悌忠信，入以事其父兄，出以事其长上，可使制梃以挞秦、楚之坚甲利兵矣。彼夺其民时，使不得耕耨以养其父母，父母冻饿，兄弟妻子离散。彼陷溺其民，王往而征之，夫谁与王敌？故曰：‘仁者无敌。’王请勿疑！”

译文

梁惠王说：“魏国曾一度在天下称强，这是老先生您知道的。可是到了我这时候，东边被齐国打败，连我的大儿子都死掉了；西边丧失了七百里土地给秦国；南边又受楚国的侮辱。我为这些事感到非常羞耻，希望替所有的死难者报仇雪恨，我要怎样做才行呢？”

孟子回答说：“只要有方圆一百里的土地就可以使天下归服了。大王如果对老百姓施行仁政，减免刑罚，少收赋税，使百姓深耕细作，及时锄草；让身强力壮的人抽出时间修养孝顺、尊敬、忠诚、守信的品德，在家侍奉父母兄长，出门尊敬长辈上级，这样就是让他们制作些木棒也足以击败拥有坚实盔甲和锐利刀枪的秦楚军队了。因为那些秦国、楚国的执政者剥夺了他们老百姓的生产时间，使他们不能够深耕细作来赡养父母，父母受冻挨饿，兄弟、妻子、儿女东离西散。他们使老百姓陷入深渊之中，大王去征伐他们，有谁来和您抵抗呢？所以说：‘施行仁政的人是无敌于天下的。’大王请不要疑虑！”

---

①晋国：韩、赵、魏三家分晋，被周天子和各国承认为诸侯国，称三家为三晋，所以，梁（魏）惠王称魏国也为晋国。

②莫强：没有比它更强的。

③东败于齐，长子死焉：公元前 341 年，魏与齐战于马陵，兵败，主将庞涓被杀，太子申被俘。

④西丧地于秦七百里：马陵之战后，魏国国势渐衰，秦屡败魏国，迫使魏国献出河西之地和上郡的十五个县，约七百里地。

⑤南辱于楚：公元前 324 年，魏又被楚将昭阳击败于襄陵，魏国失去八邑。

⑥比：替，为。壹：全，都。洒：洗刷。全句的意思是，希望为全体死难者报仇雪恨。

⑦地方百里：方圆百里的土地。

⑧易耨（nòu）：及时锄草。易，疾，速，快。耨，锄草。

孟子见梁襄王

战国时代，战争频起，杀人盈野，对此，孟子提出“不嗜杀人者能一之”的观点，就是说：不好杀人的国君就能统一天下。他认为，对国君而言，这是一个最低的要求。梁襄王是梁惠王的儿子，孟子对他的印象是：既没有国君的样子，也没有国君的威严。因此，孟子不久之后就离开了魏国。孟子对梁襄王不再讲高深的仁政理论，而是直接放到“不嗜杀人”的层面来讲，可见孟子的谈话是因人而异的。同时，我们也可以看到战国时代国君们的残忍和人民生活的艰难。

原文

孟子见梁襄王①，出，语②人曰：“望之不似人君，就之而不见所畏焉。卒然③问曰：‘天下恶乎定？’吾对曰：‘定于一。’‘孰能一之？’对曰：‘不嗜杀人者能一之。’‘孰能与④之？’对曰：‘天下莫不与也。王知夫苗乎？七八月⑤之间旱，则苗槁矣；天油然作云，沛然下雨，则苗浡然⑥兴之矣。其如是，孰能御之？今夫天下之人牧⑦，未有不嗜杀人者也。如有不嗜杀人者，则天下之民皆引领而望之矣。诚如是也，民归之，由[8]水之就下，沛然谁能御之？’”

译文

孟子见了梁襄王，出来以后，告诉人说：“远看不像个国君的样子，到了他跟前也看不出国君的威严气势。他突然问我：‘天下要怎样才能安定？’我回答说：‘要统一才会安定。’他又问：‘谁能统一天下呢？’我又答：‘不喜欢杀人的国君能统一天下。’他又问：‘有谁愿意跟随不喜欢杀人的国君呢？’我又答：‘天下的人没有不愿意跟随他的。大王知道禾苗的情况吗？当七八月间天旱的时候，禾苗就干枯了。一旦天上乌云密布，下起大雨来，禾苗便会蓬勃生长起来。像这样的情况，谁能够阻挡得住呢？如今各国的国君，没有一个不喜欢杀人的。如果有一个不喜欢杀人的国君，那么，天下的老百姓都会伸长脖子期待着他来解救了。如果真像这样，老百姓归附他，就像水向下奔流一样，气势浩大，谁能阻挡得住呢？’”

---

①梁襄王：梁惠王的儿子，名嗣，公元前318年至公元前296年在位。

②语（yù）：动词，告诉。

③卒（cù）然：突然。“卒”，通“猝”。

④与：从，跟。

⑤七八月：这里指周代的历法，相当于夏历的五六月，正是禾苗需要雨水的时候。

⑥浡（bó）然：（苗）勃勃兴起的样子。

⑦人牧：治理人民的人，指国君。由牧牛、牧羊的意义引申过来。

⑧由：通“犹”，好像，如同。

齐桓晋文之事

孟子在本章中比较全面地介绍了“仁政”的思想。一开始孟子就提出儒者黜霸道，而讲王道。王道之本在于爱民，爱民体现在养民。民无恒产则无恒心，所以养民之道在于“制民之产”。唯有使民“仰足以事父母，俯足以畜妻子；乐岁终身饱，凶年免于死亡”，君主才可以使民心归附，才可以统一天下。孟子的思想是一种民本思想的反映，但在战国时代是不合时宜的。

本章也体现了孟子高超的论辩技巧。如从“以羊易牛”的小事入手来推出王的爱心；用“挟太山以超北海”和“为长者折枝”的比喻来说明实行仁政是“是不为也，非不能也”；用“缘木求鱼”的比喻说明所求非所欲，这些都体现了孟子敏锐的思维和高超的语言技巧。

原文

齐宣王①问曰：“齐桓、晋文②之事，可得闻乎？”

孟子对曰：“仲尼之徒，无道桓、文之事者③，是以后世无传焉，臣未之闻也。无以，则王乎④？”

曰：“德何如，则可以王矣⑤？”

曰："保民而王，莫之能御也[6]。"

曰："若寡人者，可以保民乎哉？"

曰："可。"

曰："何由知吾可也？"

曰："臣闻之胡龁[7]曰：王坐于堂上，有牵牛而过堂下者。王见之，曰：'牛何之[8]？'对曰：'将以衅钟[9]。'王曰：'舍之！吾不忍其觳觫[10]，若无罪而就[11]死地。'对曰：'然则[12]废衅钟与？'曰：'何可废也？以羊易[13]之。'不识有诸[14]？"

曰："有之。"

曰："是心足以王[15]矣。百姓皆以王为爱[16]也，臣固知王之不忍也。"

王曰："然，诚有百姓者[17]。齐国虽褊小[18]，吾何爱一牛？即不忍其觳觫，若无罪而就死地，故以羊易之也。"

曰："王无异于[19]百姓之以王为爱也，以小易大，彼恶知之[20]？王若隐[21]其无罪而就死地，则牛羊何择[22]焉？"

王笑曰："是诚何心哉？我非爱其财而易之以羊也，宜乎百姓之谓我爱也[23]。"

曰："无伤[24]也，是乃仁术[25]也，见牛未见羊也。君子之于禽兽也，见其生，不忍见其死；闻其声，不忍食其肉。是以君子远庖厨[26]也。"

王说[27]，曰："《诗》云：'他人有心，予忖度之[28]。'夫子之谓也[29]。夫我乃行之，反而求之，不得吾心。夫子言之，于我心有戚戚[30]焉。此心之所以合于王者，何也？”

曰：“有复[31]于王者曰：‘吾力足以举百钧[32]，而不足以举一羽；明足以察秋毫之末[33]，而不见舆薪[34]。’则王许之乎[35]？”

曰：“否！”

“今恩足以及禽兽[36]，而功不至于百姓者，独何与？然则一羽之不举，为不用力焉；舆薪之不见，为不用明焉；百姓之不见保[37]，为不用恩焉。故王之不王[38]，不为也，非不能也。”

曰：“不为者与不能者之形，何以异[39]？”

曰：“挟太山以超北海[40]，语人曰：‘我不能。’是诚不能也。为长者折枝[41]，语人曰：‘我不能。’是不为也，非不能也。故王之不王，非挟太山以超北海之类也；王之不王，是折枝之类也。老吾老，以及人之老；幼吾幼，以及人之幼[42]，天下可运于掌[43]。《诗》云：‘刑于寡妻，至于兄弟，以御于家邦[44]。’言举斯心加诸彼而已[45]。故推恩足以保四海，不推恩无以保妻子；古之人所以大过[46]人者，无他焉，善推其所为而已矣。今恩足以及禽兽，而功不至于百姓者，独何与？权[47]，然后知轻重；度[48]，然后知长短。物皆然，心为甚。王请度[49]之！抑王兴甲兵，危士臣，构怨于诸侯[50]，然后快于心与？”

王曰：“否，吾何快于是？将以求吾所大欲也。”

曰：“王之所大欲，可得闻与？”

王笑而不言。

曰：“为肥甘[51]不足于口与？轻暖[52]不足于体与？抑为采色不足视于目与？声音不足听于耳与？便嬖[53]不足使令于前与？王之诸臣，皆足以供之，而王岂为是哉？”

曰：“否，吾不为是也。”

曰：“然则王之所大欲可知已：欲辟[54]土地，朝[55]秦、楚，莅中国[56]，而抚四夷[57]也。以若所为，求若所欲，犹缘木而求鱼[58]也。”

王曰：“若是其甚[59]与？”

曰：“殆有甚[60]焉。缘木求鱼，虽不得鱼，无后灾；以若所为，求若所欲，尽心力而为之，后必有灾。”

曰：“可得闻与？”

曰：“邹人与楚人战[61]，则王以为孰胜？”

曰：“楚人胜。”

曰：“然则小固不可以敌大，寡固不可以敌众，弱固不可以敌强。海内之地，方千里者九，齐集有其一[62]；以一服八，何以异于邹敌楚哉？盖亦反其本[63]矣。今王发政施仁[64]，使天下仕者皆欲立于王之朝，耕者皆欲耕于王之野，商贾皆欲藏于王之市，行旅皆欲出于王之涂，天下之欲疾[65]其君者，皆欲赴愬[66]于王。其若是，孰能御之？”

王曰：“吾惛，不能进于是矣[67]。愿夫子辅吾志，明以教我；我虽不敏，请尝试之。”

曰："无恒产而有恒心者[68]，惟士为能。若民，则无恒产，因无恒心。苟无恒心，放辟邪侈[69]，无不为已。及陷于罪，然后从而刑之，是罔民[70]也。焉有仁人在位，罔民而可为也？是故明君制[71]民之产，必使仰足以事父母，俯足以畜妻子[72]；乐岁[73]终身饱，凶年[74]免于死亡；然后驱而之善[75]，故民之从之也轻[76]。今也制民之产，仰不足以事父母，俯不足以畜妻子；乐岁终身苦，凶年不免于死亡。此惟救死而恐不赡[77]，奚暇[78]治礼义哉？王欲行之，则盍[79]反其本矣。五亩之宅[80]，树之以桑，五十者可以衣帛[81]矣。鸡、豚、狗、彘之畜[82]，无失其时，七十者可以食肉矣。百亩之田[83]，勿夺其时，八口之家可以无饥矣。谨庠序[84]之教，申[85]之以孝悌之义，颁白者[86]不负戴于道路矣。老者衣帛食肉，黎民[87]不饥不寒，然而不王者，未之有也。"

译文

齐宣王问孟子道："齐桓公、晋文公（称霸）的事，可以讲给我听听吗？"

孟子回答说："孔子这些人中没有讲述齐桓公、晋文公的事情的人，因此后世没有流传，我也没有听说过这事。（如果）不能不说，那么还是说说行王道的好事吧？"

齐宣王说："要有什么样的德行，才可以称王于天下呢？"

孟子说："使人民安定才能称王，没有人可以抵御他。"

齐宣王说："像我这样的人，能够使人民安定吗？"

孟子说："可以。"

齐宣王说："从哪儿知道我可以呢？"

孟子说："我听胡龁说：您坐在大殿上，有个人牵牛从殿下走过。您看见这个人，问道：'牛（牵）到哪里去？'（那人）回答说：'准备用它（的血）涂在钟上来行祭。'您说：'放了它！我不忍看到它那恐惧战栗的样子，这样没有罪过却走向死地。'（那人问）道：'那么既然这样，（需要）废弃祭钟的仪式吗？'您说：'怎么可以废除呢？用羊来换它吧。'不知道有没有这件事？"

齐宣王说："有这事。"

孟子说："有这样的心就足以称王于天下了。百姓都认为大王是吝啬（一头牛），（但是）我本就知道您是出于于心不忍。"

齐宣王说："是的，的确有这样（对我误解）的百姓。齐国虽然土地狭小，我怎么至于吝啬一头牛？就是因为不忍看它那恐惧战栗的样子，就这样没有罪过却要走向死亡，因此用羊去换它。"

孟子说："您不要对百姓认为您是吝啬而感到奇怪，以小（的动物）换下大（的动物），他们怎么知道您的想法呢？您如果哀怜它没有罪过却要走向死亡，那么牛和羊又有什么区别呢？"

齐宣王笑着说："这究竟是一种什么想法呢？（我也说不清楚），我（的确）不是（因为）吝啬钱财才以羊换掉牛的，（这么看来）老百姓说我吝啬是理所应当的了。"

孟子说："没有关系，这就体现了仁爱之道，（原因在于您）看到了牛而没看到羊。有道德的人对于飞禽走兽，看见它们活着，便不忍心看它们死去；听到它们（哀鸣）的声音，便不忍心吃它们的肉。因此君子不接近厨房。”

齐宣王高兴地说：“《诗经》中说：‘别人有什么心思，我能揣测到。’说的就是先生您这样的人啊。我做了一件事，回头再去想为什么那么做，却想不出是为什么。先生您说的这些，对于我的心真是有所触动啊！我这种心思之所以和王道相符合，是为什么呢？”

孟子说：“（假如）有人报告大王说：‘我的力气足以举起三千斤重的东西，却不能够举起一根羽毛；（我的）眼力足以看清鸟兽秋天新生细毛的末梢，却看不到整车的柴草。’那么，大王您相信吗？”

齐宣王说：“不相信！”

孟子说：“如今您的恩德足以推及禽兽，而老百姓却得不到您的功德，这是为什么呢？这样看来，举不起一根羽毛，是不用力气的缘故；看不见整车的柴草，是不用眼力的缘故；老百姓没有受到爱护，是不肯布施恩德的缘故。所以，大王您不能以王道统一天下，是不肯干，而不是不能干。”

齐宣王说：“不肯干与不能干在表现上怎样区别？”

孟子说：“（用胳膊）挟着泰山去跳过渤海，告诉别人说：‘我做不到。’这确实是做不到。为长辈按摩捶背，告诉别人说：‘我做不到。’这是不肯做，而不是不能做。大王所以不能统一天下，不属于（用胳膊）挟泰山去跳过渤海这一类的事；大王不能统一天下，属于为长辈按摩捶背一类的事。尊敬自家的老人，进而推广到尊敬别人家的老人；爱护自家的孩子，进而推广到爱护别人家的孩子。

（照此理去做），要统一天下就如同在手掌上转动东西那么容易了。《诗经》中说：‘（做国君的）给自己的妻子做好榜样，推广到兄弟，进而治理好封邑和国家。’说的就是把这样的仁爱之心推广到他人身上罢了。所以，推广恩德足以安抚四海百姓，不推广恩德连妻子儿女都安抚不了。古代圣人大大超过别人的原因，没别的，就是善于推广他们的好行为罢了。如今（您的）恩德足以推广到禽兽身上，老百姓却得不到您的好处，这究竟是什么原因呢？用秤称，才能知道轻重；用尺量，才能知道长短。任何事物都是如此，人心更是这样。大王，您请思量一下吧！还是说（大王）您发动战争，使将士冒生命危险，与各诸侯国结怨，这样心里才痛快吗？”

齐宣王说：“不是的，我怎么会这样做才痛快呢？我是打算用这办法求得我最想要的东西罢了。”

孟子说：“大王最想要的东西，可以说给我听听吗？”

齐宣王只是笑却不说话。

孟子说：“是因为肥美甘甜的食物不够吃呢？又轻又暖的衣服不够穿呢？还是因为五颜六色不够看呢？美妙的音乐不够听呢？左右受宠爱的大臣不够用呢？（这些）您的大臣们都能充分地供给，难道大王真是为了这些吗？”

齐宣王说：“不是，我不是为了这些。”

孟子说：“那么，大王最想得到的东西便可知道了：是想开拓疆土，使秦国、楚国来朝见，统治整个中原地区，而安抚四方的少数民族。（但是）以这样的做法，去谋求这样的理想，就像爬到树上去抓鱼一样。”

齐宣王说：“真的像（你所说的）这么严重吗？”

孟子说："恐怕比这还严重。爬到树上去抓鱼，虽然抓不到鱼，却没有什么后患；假使以这样的行为，去谋求这样的理想，又尽心尽力地去干，结果必然有灾祸。"

齐宣王说："（这是什么道理）可以让我听听吗？"

孟子说："（如果）邹国和楚国打仗，那您认为谁会取胜呢？"

齐宣王说："楚国会胜。"

孟子说："既然这样，小国本来就不可能战胜大国，人少的国家本来就不可能战胜人多的国家，弱国本来就不可能战胜强国。天下的土地，纵横各一千多里的（国家）有九个，齐国的土地总算起来也只占其中的一份。以一份力量去降伏八份，这与邹国和楚国打仗有什么不同呢？还是回到根本上来吧。（如果）您现在发布政令施行仁政，使得天下当官的都想到您的朝廷来做官，种田的都想到您的田野来耕作，做生意的都要（把货物）存放在您的集市上，旅行的人都想在您的道路上出入，各国那些憎恨他们君主的人都想跑来向您申诉。如果像这样，谁还能抵挡您呢？"

齐宣王说："我糊涂，不能懂得这个道理。希望先生您帮助我（实现）我的愿望，明确地教导我。我虽然不聪慧，请（让我）试一试。"

孟子说："没有维持生活的固定产业而有持久不变的意志，只有有志之士才能做到。至于老百姓，没有固定的产业，因而就没有持久不变的意志。如果没有持久不变的意志，（就会）不服从约束、犯上作乱，什么事都干得出来。等到（他们）犯了罪，随后用刑法去处罚他们，这样做是陷害人民。哪有仁爱的君主掌权，却可以做这种陷害百姓的事呢？所以英明的君主规定老百姓的产业，一定使他们上能赡养父母，下能养活妻子儿女；年成好时能丰衣足食，年成不好时也不至于饿死。这样之后督促他们做好事，老百姓也就很容易听从了。如今，规定人民的产业，上不能赡养父母，下不能养活妻子儿女；好年景也总是生活在困苦之中，坏年景免不了要饿死。这样，只把自己从死亡中救出来，恐怕还不够，哪里还顾得上讲求礼仪呢？大王真想施行仁政，为什么不回到根本上来呢？（给每家）五亩宅田中种上桑树，（那么）五十岁的人就可以穿上丝织的衣服了。鸡、小猪、狗、大猪这些家畜，不要错失（喂养繁殖的）时节，七十岁的人就可以有肉吃了。一百亩的田地，不要（因劳役）耽误了农时，八口人的家庭就可以不挨饿了。重视学校教育，反复地用孝顺父母、尊重兄长的道理教导他们，头发斑白的老人便不会再背着、顶着东西在路上走了。老年人穿上丝织的衣服、吃上肉，老百姓不挨饿、不受冻，如果这样还不能统一天下，那是从来没有过的。”

---

①齐宣王：姓田，名辟疆，齐国国君，公元前 319 年至公元前 301 年在位。

②齐桓、晋文：指齐桓公小白和晋文公重耳。两人春秋时先后称霸，为当时诸侯盟主。宣王有志效法齐桓公、晋文公，称霸于诸侯，故以此问孟子。

③仲尼：孔子的字。道：述说，谈论。儒家学派称道尧舜禹汤文武等“先王之道”，不主张“霸道”，所以孟子这样说。

④无以：不得已。以，通“已”，停止。王（wàng）：用作动词，指王天下，即用王道（仁政）统一天下。

⑤“德何如”二句：要有怎样的德行，才可以王天下？

⑥保：安定。莫之能御：没有人能抵御他。御，抵御，阻挡。

⑦胡龁（hé）：齐宣王的近臣。

⑧之：往，到……去。

⑨衅（xìn）钟：古代新钟铸成，把牲畜的血涂在钟的缝隙中祭神求福，叫衅钟。衅，血祭。

⑩觳觫（hú sù）：恐惧颤抖的样子。

⑪若：如此，这样。就：接近，走向。

⑫然则：既然如此，那么就。

⑬易：交换。

⑭识：知道。诸：相当于“之乎”。

⑮是：代词，这种。足以王（wàng）：足够用来王天下。

⑯爱：爱惜，这里含有吝啬之意。

⑰诚有百姓者：的确有这样（对我误解）的百姓。诚，的确，确实。

⑱褊（biǎn）小：（土地）狭小。

⑲无异：莫怪，不要感到奇怪。于：对。

⑳彼恶知之：他们怎么知道呢？恶（wū），怎么，如何。

㉑隐：哀怜。

㉒何择：有什么分别。择，区别，分别。

㉓此句是主谓倒装句，“百姓之谓我爱也”是“宜乎”的主语。宜：应当。乎：在这里表示感叹。之：助词，用在主谓之间，取消句子的独立性。

㉔无伤：没有什么妨碍，此处译为没有什么关系。

㉕仁术：指仁爱之道，实施仁政的途径。

㉖庖厨：厨房。

㉗说：通“悦”，高兴。

㉘“《诗》云”以下二句：见于《诗经·小雅·巧言》，意思是他人有什么心思，我能推测到。忖度（cǔn duó），揣测。

㉙夫子之谓也：（这话）说的就是您这样的人。夫子，古代对男子的尊称，这里指孟子。……之谓也，……说的就是……。

㉚戚戚：心动的样子，指有同感。

㉛复：告诉，上报。

㉜钧：古代以三十斤为一钧。

㉝明：眼力。秋毫之末：鸟兽秋天生出的绒毛的尖端，比喻极细小的东西。
㉞舆薪：一车薪柴。
㉟王许之乎：大王相信吗？许，相信，赞同。
㊱“今恩”句以下是孟子的话，省去“曰”字，表示语气急促。
㊲见保：受到保护或安抚。见，被。
㊳王之不王：大王不能以王道统一天下。第二个“王”是动词。
㊴形：具体的外在区别和表现。异：区别。
㊵挟(xié)：夹在腋下。太(tài)山：泰山。超：跳过，越过。北海：渤海。
㊶这句意谓，为年长者按摩肢体。枝，通“肢”，肢体。一说指向老者折腰行鞠躬礼，一说替长者攀摘树枝。皆指轻而易举之事。
㊷老吾老：第一个“老”字作动词用，意动用法，可译为尊敬；第二个“老”作名词，是老人的意思。其下句“幼吾幼”句法与之相同。
㊸运于掌：运转在手掌上，比喻称王于天下很容易办到。
㊹“《诗》云”以下句：见于《诗经·大雅·思齐》，意思是给妻子做好榜样，推及兄弟，以此德行来治理国家。刑，通“型”，这里作动词用，指以身作则，为他人示范。寡妻，国君的正妻。御，治理。家邦，国家。
㊺言举斯心加诸彼而已：孟子总结前文三句诗的意思，就是说把你爱自家人的心，推广到爱他人罢了。
㊻大过：大大超过。
㊼权：秤锤，这里作动词用，指用秤称重。
㊽度（duó）：用尺量。
㊾度（duó）：思量，揣度。
㊿抑：选择连词，还是。危：使……受到危害。构怨：结仇。
51肥甘：肥美香甜的食物。
52轻暖：轻柔暖和的衣裘。
53便嬖（pián bì）：帝王宠爱的近侍。
54辟：开辟，扩大。
55朝：使……称臣（或朝见）。
56莅（lì）：居高临下，引申为统治。中国：指中原地带。

㊼而：表并列。抚：安抚，使……归顺。四夷：四方的少数民族。

㊽缘木而求鱼：爬到树上去捉鱼，比喻方法不对，不可能达到目的。

㊾若是：如此。甚：厉害。

㊿殆：不定副词，恐怕，大概。有：通“又”。

61邹：与鲁相邻的小国，在今山东。楚：南方的大国。

62这句是说，齐国土地合起来约有天下九块中的一块。集，凑集。

63盖：通“盍”，何不。反其本：回到根本上来，指回到王道仁政上来。反，通“返”。

64发政施仁：发布政令，推行仁政。

65疾：憎恨。

66赴愬（sù）：前来申诉。

67惛（hūn）：糊涂，不明白。进：前进。于：在。是：这。

68恒产：用以维持生活的固定产业。恒心：持久不变的意志。

69放辟邪侈：“放”和“侈”同义，都是纵逸放荡的意思；“辟”和“邪”同义，都是行为不轨的意思。

70罔民：张开罗网陷害百姓。罔，通“网”，用作动词，陷害。

71制：规定。

72畜：通“蓄”，养活，抚育。妻子：妻子儿女。

73乐岁：丰收的年头。

74凶年：饥荒的年头。

75驱：督促，驱使。之：往，到。善：做好事。

76轻：容易。

77赡（shàn）：足。

78奚：何。暇：空闲时间。

79盍：何不。

80五亩之宅：五亩大的住宅。传说古代一个男丁可以分到五亩土地建筑住宅。古时五亩合现在一亩二分多。

81衣（yì）：用作动词，穿。帛：丝织品。

82豚（tún）：小猪。彘（zhì）：大猪。

⑧3百亩之田：一百亩的田地。传说古代实行井田制，每个男丁可以分到田地一百亩。

⑧4谨：重视，谨慎地对待。庠（xiáng）序：古代学校的名称。周代叫庠，殷代叫序。

⑧5申：反复教导。

⑧6颁白者：头发半白半黑的老人。颁，通“斑”。

⑧7黎民：黑头发的民众。这里指少壮者，与上文“老者”对举。

庄暴见孟子

本章主要阐述了孟子的“大乐”理论。齐王好乐，这里的乐不是尽善尽美的古乐，而是带有靡靡之音的今乐。如果是重视礼乐的孔子对此恐怕是不能接受的。但孟子在意的不是音乐本身，而是政治。通过“好乐”，孟子向齐王引出了“与民同乐”的思想。王之好乐、好田猎，只有与百姓同乐，才可以使天下臣服。同时我们也看到了一边是齐王的“钟鼓之声，管籥之音”“羽旄之美”的荒淫；一边是百姓的“父子不相见，兄弟妻子离散”的现状。两相对比之中，我们更能体会到当时阶级矛盾的尖锐和“与民同乐”的重要性。

原文

庄暴①见孟子，曰：“暴见于王②，王语暴以好乐，暴未有以对也。”曰：“好乐何如？”

孟子曰：“王之好乐甚，则齐国其庶几乎！”

他日，见于王，曰：“王尝语庄子以好乐，有诸？”

王变乎色，曰：“寡人非能好先王之乐也，直好世俗之乐耳。”

曰："王之好乐甚，则齐其庶几乎！今之乐犹古之乐也。"

曰："可得闻与？"

曰："独乐乐，与人乐乐，孰乐？"

曰："不若与人。"

曰："与少乐乐，与众乐乐，孰乐？"

曰："不若与众。"

"臣请为王言乐。今王鼓乐于此，百姓闻王钟鼓之声，管籥[③]之音，举疾首蹙頞[④]而相告曰：'吾王之好鼓乐，夫何使我至于此极也？父子不相见，兄弟妻子离散。'今王田猎于此，百姓闻王车马之音，见羽旄[⑤]之美，举疾首蹙頞而相告曰：'吾王之好田猎，夫何使我至于此极也？父子不相见，兄弟妻子离散。'此无他，不与民同乐也。

"今王鼓乐于此，百姓闻王钟鼓之声，管籥之音，举欣欣然有喜色而相告曰：'吾王庶几无疾病与！何以能鼓乐也？'今王田猎于此，百姓闻王车马之音，见羽旄之美，举欣欣然有喜色而相告曰：'吾王庶几无疾病与！何以能田猎也？'此无他，与民同乐也。

"今王与百姓同乐，则王矣。"

译文

庄暴来见孟子，说："我被齐王召见，齐王告诉我，他喜爱音乐，我没有话回答他。"接着又问道："喜爱音乐怎么样呢？"

孟子说："（如果）齐王非常喜爱音乐，齐国恐怕就很不错了！"

后来的某一天，孟子被齐王接见，问（齐王）道："大王曾对庄暴说喜爱音乐，有这回事吗？"

齐王（不好意思地）变了脸色，说："我不是喜爱古代先王的音乐，只不过是喜爱世俗的音乐罢了。"

孟子说："大王非常喜爱音乐，齐国恐怕就很不错了！现在的音乐如同古代的音乐。"

齐王说："可以把道理讲给我听听吗？"

孟子问："一个人欣赏音乐的快乐，与别人一起欣赏音乐的快乐，哪一种更快乐？"

齐王说："不如同别人一起欣赏更快乐。"

孟子问："同少数人一起欣赏音乐的快乐，同很多人一起欣赏音乐的快乐，哪一种更快乐？"

齐王说："不如同很多人一起欣赏更快乐。"

孟子说："那就请让我为大王讲讲欣赏音乐的道理吧。假设现在大王在这里奏乐，百姓听了大王鸣钟击鼓、吹箫奏笛的声音，全都头脑作痛，眉头紧皱，互相议论说：'我们君王喜爱音乐，为什么使我们痛苦到这样的境地？父子不能相见，兄弟妻儿离散。'假设现在大王在这里打猎，百姓听到大王车马的声音，看到华美的旗帜，全都头脑作痛，眉头紧皱，互相议论说：'我们君王喜欢打猎，为什么使我们痛苦到这样的境地？父子不能相见，兄弟妻儿离散。'这没有别的原因，是不和百姓一同分享快乐的缘故。

"假设现在大王在这里奏乐，百姓听到鸣钟击鼓、吹箫奏笛的声音，都欢欣鼓舞，喜形于色，互相议论说：‘我们君王大概没什么病吧，不然怎么能奏乐呢？’假设现在大王在这里打猎，百姓听到大王车马的声音，看到华美的旗帜，都欢欣鼓舞，喜形于色，互相议论说：‘我们君王大概没什么病吧，不然怎么能打猎呢？’这没有别的原因，是和百姓一同分享快乐的缘故。

“如果大王能和百姓一同分享快乐，那就能称王于天下了。”

---

①庄暴：齐国大臣。

②王：指齐宣王。

③管籥（yuè）：古管乐器名。籥，古代一种乐器，形状像箫。

④蹙頞（cù'è）：形容愁眉苦脸的样子。蹙，紧缩。頞，鼻梁。

⑤羽旄（máo）：鸟羽和旄牛尾，古人用作旗帜上的装饰，故可代指旗帜。

文王之囿

这一章的内容是上一章“与民同乐”思想的延续，由齐宣王的发问引出对“囿”之大小的讨论。苑囿的大小并不重要，重要的是统治者怎样处理“囿”与“民”的关系。周文王之囿方七十里，民犹以为小；齐宣王之囿方四十里，民犹以为大。之所以产生以上两种迥然不同的结果，孟子认为能否“与民同之”是关键。周文王与民一起享用，民乐之；齐宣王把方圆四十里的囿据为己有，并且制定了“杀其麋鹿者，如杀人之罪”的法令，可谓残暴之极。如此之囿，百姓当然反对，唯恐其大。

原文

齐宣王问曰：“文王之囿①，方七十里，有诸？”

孟子对曰：“于传②有之。”

曰：“若是其大乎？”

曰：“民犹以为小也。”

曰：“寡人之囿，方四十里，民犹以为大，何也？”

曰：“文王之囿，方七十里，刍荛者往焉，雉兔者往焉③，与民同之。民以为小，不亦宜④乎？臣始至于境，问国之大禁[5]，然后敢入。臣闻郊关之内，有囿方四十里，杀其麋鹿者，如[6]杀人之罪。则是方四十里，为阱[7]于国中。民以为大，不亦宜乎？”

译文

齐宣王问道：“听说文王的狩猎场方圆七十里，有这回事吗？”

孟子答道：“文献上有这样的记载。”

宣王问：“要是这样，不是太大了吗？”

孟子说：“百姓还觉得小了呢。”

宣王说：“我的狩猎场方圆只有四十里，百姓还觉得大，这是为什么呢？”

孟子说：“文王的狩猎场方圆七十里，割草砍柴的可以去，捕鸟猎兽的可以去，是与百姓共同享用的。百姓认为其太小，不也是很自然的吗？我初到齐国边境时，问明了齐国重要的禁令，这才敢入境。我听说国都郊野有个狩猎场方圆四十里，（如果有谁）杀了其中的一只麋鹿，就如同犯了杀人罪。这就像是在国内设下了一个方圆四十里的陷阱。百姓认为其太大了，不也是应该的吗？”

---

①囿：古代畜养禽兽的园林。

②传（zhuàn）：古史籍。

③刍：割草。荛（ráo）：采薪。雉：野鸡。

④宜：应该。

⑤境：国境。大禁：重要的法令。

⑥如：如同，等于。

⑦阱（jǐng）：用以捕野兽的陷坑。

齐宣王见孟子于雪宫

本章也是对“与民同乐”思想的一种具体阐释。在齐宣王的雪宫之中，孟子讲述了晏子和齐景公的故事。齐景公想巡狩，晏子从治理国家的角度出发阐释了巡狩的重要性。天子之巡狩是对诸侯的监督和管理，能够做到“春省耕而补不足，秋省敛而助不给”。而诸侯的“流连之乐，荒亡之行”，只会导致“师行而粮食，饥者弗食，劳者弗息”的恶果。两相对比，齐景公学前者而齐国兴。孟子讲此故事，在于劝说宣王“乐以天下，忧以天下”。

原文

齐宣王见孟子于雪宫[①]。王曰：“贤者亦有此乐乎？”

孟子对曰：“有。人不得，则非[②]其上矣。不得而非其上者，非[③]也；为民上而不与民同乐者，亦非也。乐民之乐者，民亦乐其乐；忧民之忧者，民亦忧其忧。乐以天下，忧以天下，然而不王者，未之有也。

“昔者齐景公[④]问于晏子[⑤]曰：‘吾欲观于转附、朝儛[⑥]，遵海而南，放于琅邪[⑦]。吾何修而可以比于先王观也？’

“晏子对曰：‘善哉问也！天子适诸侯曰巡狩，巡狩者，巡所守也。诸侯朝于天子曰述职，述职者，述所职也。无非事者。春省耕而补不足，秋省敛而助不给。夏谚曰：“吾王不游，吾何以休？吾王不豫[8]，吾何以助？一游一豫，为诸侯度。”今也不然，师行而粮食，饥者弗食，劳者弗息。睊睊胥谗[9]，民乃作慝[10]。方命[11]虐民，饮食若流。流连荒亡，为诸侯忧。从流下而忘反谓之流，从流上而忘反谓之连，从兽无厌谓之荒，乐酒无厌谓之亡。先王无流连之乐，荒亡之行。惟君所行也。’

“景公说，大戒[12]于国，出舍于郊。于是始兴发补不足。召大师[13]曰：‘为我作君臣相说之乐！’盖《徵招》《角招》[14]是也。其诗曰：‘畜君何尤[15]？’畜君者，好君也。”

译文

齐宣王在别墅雪宫里接见了孟子。宣王说：“贤人也有在这样的别墅里居住游玩的快乐吗？”

孟子回答说：“有。人们要是得不到这种快乐，就会埋怨他们的国君。得不到这种快乐就埋怨国君，是不对的；可是作为老百姓的领导人而不与老百姓同乐，也是不对的。国君以老百姓的快乐为自己的快乐，老百姓也会以国君的快乐为自己的快乐；国君以老百姓的忧愁为忧愁，老百姓也会以国君的忧愁为自己的忧愁。以天下人的快乐为快乐，以天下人的忧愁为忧愁，如果这样还不能够使天下人归顺，是没有过的。

“从前齐景公问晏子说：‘我想到转附、朝儛两座山去观光游

览，然后沿着海岸向南行，一直到琅邪。我该怎样做才能够和古代圣贤君王的巡游相比呢？’

“晏子回答说：‘问得好呀！天子到诸侯国去叫作巡狩，巡狩就是巡视各诸侯国所守疆土的意思。诸侯去朝见天子叫述职，述职就是报告在他职责内的工作的意思。没有不和政事有关系的。春天里巡视耕种情况，对粮食不够吃的给予补助；秋天里巡视收获情况，对歉收的给予补助。夏朝的谚语说：“我王不出来游历，我怎么能得到休息？我王不出来巡视，我怎么能得到赏赐？一游历一巡视，足以作为诸侯的法度。”现在可不是这样了，国君一出游就兴师动众，索取粮食，饥饿的人没有饭吃，劳作的人得不到休息。大家侧目而视，怨声载道，违法乱纪的事情也就做出来了。这种出游违背天意，虐待百姓，大吃大喝如同流水一样浪费。真是流连荒亡，诸侯们都为此而忧虑。什么叫流连荒亡呢？从上游向下游的游玩，乐而忘返叫作流；从下游向上游的游玩，乐而忘返叫作连；打猎不知厌倦叫作荒；嗜酒不加节制叫作亡。古代圣贤君王既无流连的享乐，也无荒亡的行为。至于大王您的行为，只有您自己选择了。’

“齐景公听了晏子的话非常高兴，先在都城内作了充分的准备，然后到郊外去居留。于是，开始打开仓库赈济贫困的人。又召集乐官说：‘给我创作一些君臣同乐的乐曲！’大概就是《徵招》《角招》之类的。其中的歌词说：‘畜君有什么不对呢？’畜君，就是喜爱国君的意思。”

---

①雪宫：齐宣王的离宫（古代帝王在正宫以外临时居住的宫室，相当于当今的别墅之类）。

②非：动词，非议，埋怨。

③非：不对，错误。

④齐景公：春秋时齐国国君，名杵臼，公元前547年至公元前490年在位。

⑤晏子：春秋时齐国贤相，名婴，《晏子春秋》一书记载了他的事迹和学说。

⑥转附、朝儛（cháo wǔ）：均为山名。

⑦琅邪：山名，在今山东诸城东南。

⑧豫：义同“游”。

⑨睊睊：因愤恨侧目而视的样子。胥：皆，都。谗：毁谤，说坏话。

⑩慝：恶。

⑪方命：违反上天的旨意。方，反，违反。

⑫大戒：充分的准备。

⑬大师：即太师，古代的乐官。

⑭《徵招》《角招》：乐曲名。徵、角，古代五音（官、商、角、徵、羽）中的两个。招，通“韶”。

⑮畜（xù）：爱好，喜爱。尤：错误，过失。

人皆谓我毁明堂

本章主要阐释了孟子的“王政”思想。明堂是统治者炫耀威权的高大建筑，是古代帝王宣明政教的地方。有人劝宣王毁掉明堂，估计是要通过重建来树立更大的威信。孟子则认为君主权威的建立在于行“王政”。王政体现在对耕者、仕者、关市等行业的宽松，对鳏、寡、孤、独的照顾，使百姓居有粮，出行有食，使“内无怨女，外无旷夫”，则王政实现，天下一统。

当宣王辞以“好货”“好色”之时，孟子并没有予以否定，而是因势利导，推出“王如好货，与百姓同之”“王如好色，与百姓同之”的思想。这是孟子民本思想的体现。

原文

齐宣王问曰：“人皆谓我毁明堂①，毁诸？已②乎？”

孟子对曰：“夫明堂者，王者之堂也。王欲行王政，则勿毁之矣。”

王曰：“王政可得闻与？”

对曰：“昔者文王之治岐③也，耕者九一④，仕者世禄，关市讥而不征⑤，泽梁⑥无禁，罪人不孥⑦。老而无妻曰鳏，老而无夫曰寡，老而无子曰独，幼而无父曰孤。此四者，天下之穷民而无告者。文王发政施仁，必先斯四者。《诗》云：‘哿矣富人，哀此茕独[8]！’”

王曰：“善哉言乎！”

曰：“王如善之，则何为不行？”

王曰：“寡人有疾，寡人好货。”

对曰：“昔者公刘[9]好货。《诗》云[10]：‘乃积乃仓，乃裹糇粮[11]，于橐于囊[12]，思戢用光[13]。弓矢斯张，干戈戚扬[14]，爰方启行[15]。’故居者有积仓，行者有裹囊也，然后可以爰方启行。王如好货，与百姓同之，于王何有？”

王曰：“寡人有疾，寡人好色。”

对曰：“昔者大王好色，爱厥[16]妃。《诗》云[17]：‘古公亶父[18]，来朝走马。率西水浒[19]，至于岐下。爰及姜女[20]，聿来胥宇[21]。’当是时也，内无怨女，外无旷夫[22]。王如好色，与百姓同之，于王何有？”

译文

齐宣王问道：“别人都建议我拆毁明堂，究竟是拆毁好呢，还是不拆毁好呢？”

孟子回答说：“明堂是施行王政的殿堂。大王如果想施行王政，就请不要拆毁它。”

宣王问：“可以把王政说给我听听吗？”

孟子回答说：“从前周文王治理岐地的时候，对农民的税率是九分抽一，对于做官的人给予世代承袭的俸禄，在关卡和市场上只稽查而不征税，任何人到湖泊、河流里捕鱼都不加以禁止，对罪犯的处罚不牵连其妻子儿女。失去妻子的老年人叫作鳏夫，失去丈夫的老年人叫作寡妇，没有儿女的老年人叫作独老，失去父亲的儿童叫作孤儿。这四种人是天下穷苦而无依无靠的人。文王布政令施行仁政，一定最先考虑到他们。《诗经》中说：'有钱人快乐地生活着，可怜那些无依无靠的孤独的人吧！"

宣王说："这话说得好呀！"

孟子说："大王如果认为说得好，为什么不这样做呢？"

宣王说："我有个毛病，我喜爱钱财。"

孟子说："从前公刘也喜爱钱财。《诗经》中说：'收割粮食装满仓，备好充足的干粮，装满口袋，百姓和睦争荣光。张弓带箭齐武装，盾戈斧钺拿手上，开始动身向前方。'因此留在家里的人有存粮吃，行军的人有干粮吃，这才能够率领军队前进。大王如果喜爱钱财，与百姓一同分享，又有什么不可以呢？"

宣王说："我还有个毛病，我喜爱女色。"

孟子回答说："从前周太王也喜爱女色，非常宠爱他的妃子。《诗经》中说：'周太王古公亶父，一大早驱驰快马。沿着西边的河岸，一直走到岐山下。带着妻子姜氏女，勘察地址建新居。'那时，没有找不到丈夫的适婚女子，也没有找不到妻子的单身汉。大王如果喜爱女色，和百姓一道，又有什么不行呢？"

---

①明堂：为天子接见诸侯而设的建筑。这里指泰山下明堂，是周天子东巡时所设。

②已：止，不。

③岐：地名，在今陕西岐山一带。

④耕者九一：指井田制。把耕地划成井字形，每井九百亩，周围八家各一百亩，属私田，中间一百亩属公田，由八家共同耕种，收入归公家，所以叫九一税制。

⑤关：道路上的关卡，近于现代“海关”的概念。市：集市。讥：稽查。征：征税。

⑥泽梁：在流水中拦鱼的装置。

⑦不孥（nú）：指不牵连妻子儿女。孥，本指妻子儿女，这里用作动词，指牵连妻子儿女。

⑧哿（gě）矣富人，哀此茕（qióng）独：引自《诗经·小雅·正月》。哿，快乐，欢乐。茕，孤单。

⑨公刘：人名，后稷的后代，周朝的创业始祖。

⑩“《诗》云”以下七句：引自《诗经·大雅·公刘》。

⑪糇（hóu）粮：干粮。

⑫橐（tuó）、囊：都是盛物的口袋，无底曰橐，有底曰囊。

⑬思：语气词，无义。戢：通“辑”，和睦。用：因而。光：发扬光大。

⑭干、戈、戚、扬：四种兵器。

⑮爰：于是。方：开始。启行：出发。

⑯厥：代词，他的。

⑰“《诗》云”以下六句：引自《诗经·大雅·绵》。

⑱古公亶父：即周文王的祖父周太王。

⑲率：循着。浒：水边。

⑳爰（yuán）：语首词，无义。姜女：太王的妃子，也称太姜。

㉑聿（yù）：语首词，无义。胥：动词，省视，视察。宇：屋宇。

㉒怨女：超过适婚年龄的未出嫁的女子。旷夫：超过适婚年龄的未娶妻的单身汉。古代女子居内，男子居外，所以以内、外代指。

王之臣有托其妻子于其友

读此章，我们不得不佩服孟子超强的逻辑推理能力和言论的大胆。首先孟子由一个故事入手逐步引导齐宣王，得出“负友人之托者，弃之”；然后得出“士师不能治士者，已之”；最后很自然地推出“四境之内不治”的君王应该得到的下场。这是给齐宣王挖了一个推理的陷阱，让齐宣王自己感觉到治理国家的重要性。

其次孟子敢于挑战齐宣王的尊严，诱导齐王自己挖坑自己跳。虽然最后没有直接说出“四境之内不治之王，弃之”，但这一结论是显而易见的。这应该是孟子的浩然之气使然吧。

原文

孟子谓齐宣王曰：“王之臣有托其妻子于其友，而之楚游者，比其反[①]也，则[②]冻馁其妻子，则如之何？”

王曰：“弃之。”

曰：“士师[③]不能治士，则如之何？”

王曰：“已之。”

曰：“四境之内不治，则如之何？”

王顾左右而言他。

译文

孟子对齐宣王说：“如果大王您的一个臣子把妻子儿女托付给他的朋友照顾，自己到楚国游历去了。等他回来的时候，他的妻子儿女却在挨饿受冻。对待这样的朋友，应该怎么办呢？”

齐宣王说：“和他绝交！”

孟子说：“如果您的司法官不能管理他的下属，那应该怎么办呢？”

齐宣王说：“撤他的职！”

孟子又说：“如果一个国家被治理得很糟糕，那又该怎么办呢？”

齐宣王左右张望，把话题扯到别处去了。

---

①比（bǐ）：及，至，等到。反：通“返”。

②则：这里的用法是表示事情的结果。

③士师：司法官。

所谓故国者

本章体现了孟子甄别人才的方法。本章从对“故国”的理解入手，故国非“有乔木”，而是“有世臣”。其意思就是说，是否为故国，不是看这个国家有没有悠久的历史，而是看其有没有可以信赖的累代有功的臣子。可见，对于“故国”之问，孟子认为人才是其根本。

孟子认为一个国家的强盛在于“国君进贤”。选“贤”的关键在于“察”，这个“察”是国君自己的甄别，而不是大夫、国人的议论。只有通过自己的甄别，才能够对左右人才进行“用”“去”“杀”的处理。否则，自己很容易陷入亲信的陷阱中，从而无法真正地找到人才。作为一国之君，也唯有能够甄别人才、重用人才，才可称之为百姓的父母。

原文

孟子见齐宣王，曰：“所谓故国①者，非谓有乔木②之谓也，有世臣③之谓也。王无亲臣矣，昔者所进④，今日不知其亡⑤也。”

王曰：“吾何以识其不才而舍之？”

曰："国君进贤，如不得已，将使卑逾尊，疏逾戚，可不慎与？左右皆曰贤，未可也；诸大夫皆曰贤，未可也；国人皆曰贤，然后察之，见贤焉，然后用之。左右皆曰不可，勿听；诸大夫皆曰不可，勿听；国人皆曰不可，然后察之，见不可焉，然后去之。左右皆曰可杀，勿听；诸大夫皆曰可杀，勿听；国人皆曰可杀，然后察之，见可杀焉，然后杀之。故曰国人杀之也。如此，然后可以为民父母。"

译文

孟子拜见齐宣王，说："我们平时所说历史悠久的国家，并不是指那个国家有年代久远的高大树木，而是指其有世代建立功勋的大臣。可大王您现在却没有亲信的大臣了，过去所任用的一些人，现在也不知到哪里去了。"

齐宣王说："我应该怎样去识别那些真正缺乏才能的人而不用他呢？"

孟子回答说："国君任用贤才，在不得已的时候，甚至会把原本地位低的提拔到地位高的人之上，把原本关系疏远的提拔到关系亲近的人之上，这能够不谨慎吗？（如果）左右亲信都说（某人）贤能，不可轻信；众位大夫都说（某人）贤能，还是不可轻信；全国的人都说（某人）贤能，然后去考察他，发现他是真正的贤才，再任用他。（如果）左右亲信都说（某人）不行，不可听信；众位大夫都说（某人）不行，还是不可听信；全国的人都说（某人）不行，然后去考察他，发现他真不行，再罢免他。（如果）左右亲信都说（某人）该杀，不可听信；众位大夫都说（某人）该杀，还是不可听信；全国的人都说（某人）该杀，然后去考察他，发现他真该杀，再杀掉他。所以说，这是全国人杀的他。这样做，才可以做老百姓的父母。”

---

①故国：指历史悠久的国家。

②乔木：高大的树木。

③世臣：世代建立功勋的大臣。

④进：进用，任用。

⑤亡：去位，去职。

汤放桀

战国时代，国家更替，以臣弑君的现象时有发生。本章之中，齐宣王向孟子提出了一个尖锐的“臣弑君”的问题。君臣关系是儒家非常重视的人伦关系。既然儒者强调君臣礼仪，那么商汤流放夏桀，武王讨伐殷纣还对吗？这是典型的以子之矛攻子之盾的问题。在这里，孟子对儒家的君臣关系作了灵活的解释。孟子提出“贼”“残”的概念，认为像桀、纣这样的不算君主，只能是残贼、独夫。这里孟子不仅巧妙地解释了“汤放桀”“武王伐纣”的问题，同时也明确了仁义是天地之大理。

原文

齐宣王问曰：“汤放桀①，武王伐纣②，有诸？”

孟子对曰：“于传有之。”

曰：“臣弑③其君，可乎？”

曰：“贼仁者谓之贼，贼义者谓之残④。残贼之人，谓之一夫⑤。闻诛一夫纣矣，未闻弑君也。”

译文

齐宣王问道：“商汤流放夏桀，武王讨伐商纣，有这些事吗？”

孟子回答道：“文献上有这样的记载。”

宣王问：“做臣子的杀他的君主，可以吗？”

孟子说：“败坏仁的人叫贼，败坏义的人叫残。残、贼这样的人叫独夫。我只听说杀了独夫纣罢了，没听说臣杀君啊。”

---

①汤放桀：传说商汤灭夏后，把桀流放到南巢（在今安徽巢湖一带）。桀，夏朝最后一个君主，暴虐无道。

②武王伐纣：周武王起兵讨伐，灭掉商朝，纣自焚而死。纣，商朝最后一个君主，昏乱残暴。

③弑：指臣下无理而杀死君主或儿女杀死父母。

④贼：第一个“贼”是动词，伤害；第二个“贼”是名词，害人的人。残：祸害。

⑤一夫：失掉人民同情的孤立者。

齐人伐燕胜之

燕国内乱，齐宣王乘机派匡章率军攻打燕国，很快取得了胜利。齐宣王认为这次胜利是天意，于是就是否吞并燕国询问孟子。在当时，各个诸侯都明白要想一统天下，唯有靠战争。很多思想家也持有靠战争来统一的思想，如兵家和法家。孟子在回答齐宣王的问题时，谈到了自己的战争观：如果战争是人民所喜欢的，那么我们就发动；如果战争是人民所反对的，那么我们就停止。齐国是否攻打燕国，这自然取决于燕国民心的向背。孟子认为：民心的向背是是否发动战争的唯一根据。

原文

齐人伐燕[1]，胜之。宣王问曰："或谓寡人勿取，或谓寡人取之。以万乘之国伐万乘之国，五旬而举之[2]，人力不至于此。不取，必有天殃[3]。取之，何如？"

孟子对曰："取之而燕民悦，则取之。古之人有行之者，武王是也[4]。取之而燕民不悦，则勿取。古之人有行之者，文王是也[5]。以万乘之国伐万乘之国，箪食壶浆[6]以迎王师，岂有他哉？避水火也。如水益深，如火益热，亦运[7]而已矣。”

译文

齐国人攻打燕国，大获全胜。齐宣王问道：“有人劝我不要占领燕国，有人又劝我占领它。我觉得，以一个拥有万辆兵车的大国去攻打一个同样拥有万辆兵车的大国，只用了五十天就打下来了，光凭人力是做不到的呀。如果我们不占领它，一定会遭到天灾吧。占领它，怎么样？”

孟子回答说：“占领它而使燕国的老百姓高兴，那就占领它。古人有这样做的，周武王便是。占领它而使燕国的老百姓不高兴，那就不要占领它。古人有这样做的，周文王便是。以齐国这样一个拥有万辆兵车的大国去攻打燕国这样一个同样拥有万辆兵车的大国，燕国的老百姓却用饭筐装着饭，用酒壶盛着酒浆来欢迎大王您的军队，难道有别的什么原因吗？不过是想摆脱他们那水深火热的日子罢了。如果您让他们的水更深，火更热，只好再避开了。”

---

①齐人伐燕：公元前318年，燕王哙将王位禅让给相国子之。后四年，将军市被和太子平领兵进攻子之，子之反攻，杀死了市被和太子平，国内一片混乱。齐宣王趁机派匡章率军进攻燕国，很快就取得了胜利。

②五旬而举之：据《战国策·燕策一》记载，当齐国的军队攻打燕国时，燕国“士卒不战，城门不闭”，因此齐国军队五十天就攻进了燕国的都城，杀死了燕王哙和子之。

③不取，必有天殃：因齐宣王认为他攻打燕国太顺利，“人力不至于此”，是天意，所以，如果不占领它就是违背天意，必有灾祸。这是当时人流行的观念。

④武王是也：指武王灭纣。

⑤文王是也：指文王已三分天下有其二，但仍然奉殷王为天子。
⑥箪（dān）：盛饭用的竹器。食：饭食。浆：米酒。
⑦运：回转。

齐人伐燕取之

这一章承接上一章，阐明孟子的战争观。齐国吞并了燕国，面临诸侯欲救燕国的严峻局势。此时孟子面对宣王的询问，用正反两个事例来说明战争的目的。孟子引用《尚书》中商汤的故事，商汤从葛国开始征伐，每到一处百姓都欢呼雀跃；没有到的国家，其人民则像久盼甘霖一样期待他。而今的齐国则相反，如果对燕国“杀其父兄，系累其子弟，毁其宗庙，迁其重器”，就会招来天下人的反对。二者恰恰相反，商汤凭借方圆七十里就可以统一天下，而齐国方圆千里且害怕他国进攻，这是不懂战争呀。战争的目的不在于抢占上地，而在于诛暴君、拯民于水火。

原文

齐人伐燕，取之。诸侯将谋救燕。宣王曰：“诸侯多谋伐寡人者，何以待之？”

孟子对曰：“臣闻七十里为政于天下者，汤是也。未闻以千里畏人者也。《书》曰：‘汤一征，自葛始[①]。’天下信之。东面而征，西夷怨；南面而征，北狄怨。曰：‘奚为后我？’民望之，若大旱之望云霓[②]也。归市

者[3]不止，耕者不变。诛其君而吊[4]其民，若时雨降，民大悦。《书》曰：‘徯我后[5]，后来其苏[6]！’

“今燕虐其民，王往而征之，民以为将拯己于水火之中也，箪食壶浆以迎王师。若杀其父兄，系累[7]其子弟，毁其宗庙，迁其重器[8]，如之何其可也？天下固畏齐之强也，今又倍地而不行仁政，是动天下之兵也。

“王速出令，反其旄倪[9]，止其重器，谋于燕众，置君而后去之，则犹可及止也。”

译文

齐国人攻打燕国，占领了它。一些诸侯国在谋划着要用兵救助燕国。齐宣王说：“不少诸侯在谋划着要来攻打我，该怎么办呢？”

孟子回答说：“我听说过，有凭借着方圆七十里的国土就统一天下的，就是商汤。却没有听说过拥有方圆千里的国土而害怕别国的。《尚书》中说：‘商汤征伐，是从葛国开始的。’天下人都信任他。所以，当他向东方进军时，西边国家的老百姓便抱怨；当他向南方进军时，北边国家的老百姓便抱怨。都说：‘为什么把我们放到后面呢？’老百姓盼望他，就像久旱盼乌云和虹霓一样。做生意的照常做生意，种地的照常种地。只是诛杀那些暴虐的国君来抚慰那些受害的老百姓，就像天上下了及时雨一样，老百姓非常高兴。《尚书》中说：‘等待我们的王，他来了，我们的生活就会有起色了！’

“如今，燕国的国君虐待他的老百姓，大王您的军队去征伐，燕国的老百姓以为您是要把他们从水深火热中拯救出来，所以用饭筐装着饭，用酒壶盛着酒来欢迎您的军队。如果您杀死他们的父兄，抓走他们的子弟，毁坏他们的宗庙，抢走他们的宝器，这怎么能够使他们容忍呢？天下各国本来就害怕齐国强大，现在齐国的土地又扩大了一倍，还不施行仁政，这就必然会激起天下各国兴兵。

“大王您赶快发出命令，放回燕国老老小小的俘虏，停止搬运燕国的宝器，再和燕国的民众商议，为他们选立一位国君，然后从燕国撤回齐国的军队。这样做，还来得及制止各国兴兵。”

---

①汤一征，自葛始:《尚书》逸文。

②云霓：云和虹。霓，虹霓。虹霓在清晨出现于西方是下雨的征兆。

③归市者：指做生意的人。

④吊：这里是安抚、慰问的意思。

⑤傒（xī）：等待。后：王，君主。

⑥后来其苏：君王来了就会有起色。苏，恢复，苏醒，复活。

⑦系累：束缚，捆绑。

⑧重器：指贵重的祭器。

⑨旄（mào）：通“耄”，八九十岁的人称作耄，这里通指老年人。倪：指小孩子。

邹与鲁哄

这一章是孟子在老家邹国时发生的故事。邹国与鲁国发生了冲突，邹国死了三十三名官吏，而百姓却没有一个人为官吏而牺牲。这个事件使邹穆公非常生气，因此问孟子该怎么办。孟子借此提出了民与君主之间存在着“出尔反尔”的政治关系。“出尔反尔”现在的意思是，自己刚说了话或刚做了事就反悔了，比喻言行前后矛盾，反复无常。而孟子的原意是你怎么对人家，人家就怎样回报你。孟子举了正反两方面的例子来说明“出尔反尔”的道理。当百姓处于凶年饥岁，被饿死、要逃荒的时候，那些当官的占据着堆满粮食的仓库和满库房的财物却不去救援。而今他们也只是得到了应得的下场。这就是我们常说的“一报还一报”吧。其实，君民、官民、人与人之间都存在着这种相互的关系。解决以上问题，孟子认为，只有实行仁政才可以让人民愿意为官而死，并且劝说邹穆公通过实行仁政来治理国家。这是孟子对自己“仁政”思想的再一次运用和阐释。

原文

邹与鲁哄①。穆公②问曰：“吾有司死者三十三人，而

民莫之死[3]也。诛之，则不可胜诛；不诛，则疾[4]视其长上之死而不救。如之何则可也？”

孟子对曰：“凶年饥岁，君之民，老弱转[5]乎沟壑，壮者散而之四方者，几[6]千人矣；而君之仓廪实，府库充，有司莫以告，是上慢而残下也。曾子[7]曰：‘戒之戒之！出乎尔者，反乎尔者也。’夫民今而后得反之也，君无尤[8]焉！君行仁政，斯民亲其上、死其长矣。”

译文

邹国与鲁国交战。邹穆公问孟子：“我的官吏死了三十三个，百姓却没有一人为他们而牺牲的。杀他们吧，又杀不了那么多；不杀他们吧，又实在恨他们眼睁睁地看着官吏被杀而不去营救。到底怎么办才好呢？”

孟子回答说：“灾荒年月，您的老百姓，年老体弱的尸体遍布在山沟，年轻力壮的四处逃难，差不多有上千人吧；而您的粮仓里堆满粮食，库房里装满财宝，官吏们却从来不向您报告老百姓的情况，这是他们不关心老百姓还残害老百姓的表现。曾子说：‘小心啊，小心啊！你怎样对待别人，别人也会怎样对待你。’现在就是老百姓报复他们的时候了，您不要归罪于老百姓！只要君主施行仁政，老百姓自然就会亲近他们的君主，肯为他们的官吏而牺牲了。”

---

①邹与鲁哄（hòng）：邹国与鲁国交战。哄，冲突，交战。

②穆公：即邹穆公。

③莫之死：即“莫死之”，意思是没有人为他们而死。之，指有司。

④疾：憎恨，痛恨。

⑤转：辗转而死。

⑥几：接近，差不多。

⑦曾子：即孔子的学生曾参。

⑧尤：动词，责备，归罪。

滕小国也间于齐楚

小国如何在大国的夹缝中生存，这的确是一个问题。在迷信战争的战国时代滕国有这样的问题，在今天的国际社会上依旧有很多国家面临同样的问题。滕国是周朝一个弱小的诸侯国，处于齐、楚两个大国之间，当然要考虑应该怎样生存。这是滕文公思考的问题，恐怕也是孟子思考的问题。

当滕文公问孟子自己该依靠齐国，还是依靠楚国时，孟子都给予了断然的否定。孟子认为一个国家首先要在政治上独立，任何依附于他国的政权都是不会长久的。要想使滕国生存下来，有两件事需要去做：一是巩固国防。具体说来就是把护城河挖深，把城墙加固。二是“与民守之”。就是和百姓一起保卫国家，这也就相当于现在一些国家全民参军的政策。孟子还指出后者是最重要的，因为只有实行仁政，才会实现“效死而民弗去”，才是立国之道。

原文

滕文公①问曰：“滕，小国也，间②于齐、楚。事齐乎？事楚乎？”

孟子对曰：“是谋非吾所能及也。无已，则有一焉：凿斯池③也，筑斯城也，与民守之，效④死而民弗去，则是可为也。”

译文

滕文公问道：“滕国是一个小国，处在齐国和楚国两个大国之间。是依靠齐国好呢，还是依靠楚国好呢？”

孟子回答说：“到底依靠哪个国家好这个问题不是我的能力所能解答的。如果您一定要我谈谈看法，那倒是有一个办法：把护城河挖深，把城墙筑坚固，与老百姓一起坚守它，宁可献出生命，老百姓也不退去，做到了这样，那就有希望了。”

---

①滕文公：滕国国君。滕，古国名，在今山东滕州西南，西周分封的诸侯国，姬姓，开国国君是周文王的儿子错叔绣。公元前415年被越国灭，不久复国，又被宋国消灭。

②间：处于……中间。

③池：城池，也就是护城河。

④效：献，致。

夫子当路于齐

本章反映了孟子的王道思想。孟子的王道思想是与霸道思想对立的。所谓霸道，就是通过军事战争的手段来实现天下统一；所谓王道，就是通过实行仁政使百姓四方来归，从而实现天下统一。孟子还提出实行王道需要“时势”。本章一开始，公孙丑问孟子，如果孟子当权于齐国，能使齐国回到管、晏时的霸主地位吗？孟子是黜霸道，主王道的。黜霸道，当然反对管、晏等人的政治，为此，孟子对管、晏给予了很低的评价，并推崇实行王道的代表——周文王。可是周文王并没有统一天下，对此孟子认为实行王道古难今易。同时古之周文王只拥有百里之地，“尺地”和“一民”都是纣王的，此时并不具备实行王道的“时势”。今日的齐国地方千里，人口众多，顺时顺势，如果能够实行王道，则天下统一易如反掌。可是这种理论也仅限于师徒之间的对话罢了。孟子对时势的分析以及他的理论并不符合战国时代的时势。

原文

公孙丑①问曰：“夫子当路②于齐，管仲、晏子之功，可复许③乎？”

孟子曰："子诚齐人也，知管仲、晏子而已矣。或问乎曾西[4]曰：'吾子[5]与子路孰贤？'曾西蹴然[6]曰：'吾先子[7]之所畏也。'曰：'然则吾子与管仲孰贤？'曾西艴然[8]不悦，曰：'尔何曾[9]比予于管仲？管仲得君，如彼其专也；行乎国政，如彼其久也；功烈，如彼其卑也。尔何曾比予于是？'"曰："管仲，曾西之所不为也，而子为[10]我愿之乎？"

曰："管仲以其君霸，晏子以其君显。管仲、晏子，犹不足为与？"

曰："以齐王，由[11]反手也。"

曰："若是，则弟子之惑滋甚。且以文王之德，百年而后崩[12]，犹未洽于天下；武王、周公[13]继之，然后大行。今言王若易然，则文王不足法与？"

曰："文王何可当也？由汤至于武丁，贤圣之君六七作[14]，天下归殷久矣，久则难变也。武丁朝诸侯，有天下，犹运之掌也。纣之去武丁未久也，其故家遗俗、流风善政，犹有存者；又有微子、微仲、王子比干、箕子、胶鬲，皆贤人也，相与[15]辅相[16]之，故久而后失之也。尺地莫非其有也，一民莫非其臣也，然而文王犹方百里起，是以难也。

"齐人有言曰：'虽有智慧，不如乘势；虽有镃基[17]，不如待时。'今时则易然也：夏后、殷、周之盛，地未有过千里者也，而齐有其地矣；鸡鸣狗吠相闻，而达乎四境，而齐有其民矣。地不改辟矣，民不改聚矣，行仁政而王，莫之能御也。且王者之不作，未有疏于此时者也；民之憔悴于虐政，未有甚于此时者也。饥者易为食，渴者易为饮。孔子曰：‘德之流行，速于置邮[18]而传命。’当今之时，万乘之国行仁政，民之悦之，犹解倒悬也。故事半古之人，功必倍之，惟此时为然。”

译文

公孙丑问道：“先生如果在齐国当权，管仲、晏子的功业可以再度兴起来吗？”

孟子说：“你可真是个齐国人啊，只知道管仲、晏子。曾经有人问曾西：‘您和子路相比，谁更有贤德？’曾西不安地说：‘子路可是我父亲所敬畏的人啊。’那人又问：‘那么您和管仲相比，谁更有贤德呢？’曾西马上不高兴起来，说：‘你怎么竟拿管仲来和我相比呢？管仲受到齐桓公的信任是那样专一，行使国家政权是那样长久，但功绩却是那样少，你怎么拿他来和我相比呢？’”孟子接着说：“管仲是曾西都不愿与之相比的人，你认为我愿意跟他相比吗？”

公孙丑说：“管仲辅佐桓公称霸天下，晏子辅佐景公名扬诸侯。难道管仲、晏子还不值得相比吗？”

孟子说：“以齐国的实力来统一天下，易如反掌。”

公孙丑说：“您这样一说，弟子我就更加疑惑不解了。以周文王那样的仁德，活了将近一百岁才逝去，还没有能够统一天下；直到周武王、周公继承他的事业，然后才统一天下。现在您说统一天下易如反掌，那么，连周文王都不值得学习了吗？”

孟子说："我们怎么可以比得上周文王呢？由商汤到武丁，贤明的君主有六七个，天下人归顺殷朝已经很久了，时间久就会难以变动。武丁使诸侯们来朝，统治天下就像在自己的手掌心里运转一样容易。纣王离武丁并不久远，武丁的勋臣世家、良好习俗、传统风尚、慈善政教都还有遗存；又有微子、微仲、王子比干、箕子、胶鬲等一批贤臣共同辅佐，所以能统治很久以后才失去政权。当时没有一尺土地不属于纣王所有，没有一个百姓不属于纣王统治，在那种情况下，文王还能从方圆百里的小地方兴起，所以是非常困难的。

"齐国人有句话说：'虽然有智慧，不如趁形势；虽然有锄头，不如等农时。'现在的时势就很利于用王道统一天下：夏、商、周三代兴盛的时候，没有哪一国的国土有超过方圆千里的，而现在的齐国却拥有这样辽阔的土地；鸡鸣狗叫的声音处处都听得见，一直到四方边境，这说明齐国人口众多；国土不需要再开辟，老百姓不需要再增加，如果施行仁政来称王于天下，没有谁能够阻挡。何况统一天下的贤君没有出现，从来没有隔过这么久；老百姓受暴政的压榨，从来没有这么厉害过。饥饿的人不择食物，口渴的人不择饮品。孔子说：'道德的流行，比驿站传递命令还要迅速。'现在这个时候，拥有万辆兵车的大国施行仁政，老百姓高兴得就像被吊着的人得到解救一样。所以，只做古人一半的事，功效却是古人的一倍，只有这个时候才办得到。"

---

①公孙丑：孟子的学生，齐国人。

②当路：当权，当政。

③许：兴盛，复兴。

④曾西：曾申，字子西，鲁国人，孔子的学生曾参的儿子。

⑤吾子：对对方的敬爱之称，一般用于男子之间，相当于“吾兄”“老兄”之语。

⑥蹴然：局促不安的样子。

⑦先子：指已逝世的长辈。这里指曾西的父亲曾参。

⑧艴然：恼怒的样子。

⑨曾：副词，竟然，居然。

⑩为：认为。

⑪由：通“犹”，好像。

⑫百年而后崩：相传周文王活了九十七岁。百年，泛指寿命很长。

⑬周公：姓姬，名旦，周文王的儿子，武王的弟弟，辅助武王伐纣，统一天下，又辅助成王定乱、安定天下，是鲁国的始祖。

⑭作：兴。

⑮相与：共同。

⑯辅相：双音动词，辅助。

⑰镃基：农具，相当于今天的锄头之类的农具。

⑱置邮：古代传达命令的驿站。

宋人有闵其苗之不长者（节录）

《揠苗助长》的故事，在中国可谓人尽皆知。人们一般借用这个故事来说明违反规律办事情，一味地急于求成，不仅达不到预期的目的，还会坏事的道理。其实，孟子在这里引用宋人揠苗助长的故事是为了说明如何培养浩然之气的问题。“浩然之气”是孟子提出的一个全新的概念，就是一种气，是最伟大、最刚强的气，需要用正气去培养它，一点儿都不能去伤害它，这样它就会充满上下四方，无所不在。这种气是正义的、是经常积累所产生的，不是偶然的正义行为所能够取得的。孟子认为我们需要培养这种正气，需要把它作为我们的心内之物来对待。同时在培养正气的过程中，我们时刻要记得它，没有任何特定目的地去培养它。如果我们有一次带着功利去做了一件有愧的事情，不但不利于培养正气，还会大大损害浩然之气。这就是“非徒无益，而又害之”。其实世间事无不如此，顺其自然有时也是个不错的选择。

原文

宋人有闵[①]其苗之不长而揠[②]之者，芒芒然[③]归，谓其人[④]曰：“今日病[⑤]矣！予助苗长矣！”其子趋而往视之，苗则槁矣。

天下之不助苗长者寡矣！以为无益而舍之者，不耘[⑥]苗者也；助之长者，揠苗者也。非徒无益，而又害之。

译文

宋国有个人担心他种的禾苗长不高，于是到地里用手把它们一株一株地拔高，累得气喘吁吁地回家，对他家里人说："今天可真把我累坏啦！不过，我总算让禾苗一下子就长高了许多！"他的儿子跑到地里一看，禾苗已全部枯萎了。

天下人不犯这种拔苗助长错误的是很少的。认为养护庄稼没有用处而不去管它们的，是只种庄稼不锄草的懒汉；一厢情愿地去帮助庄稼生长的，就是这种拔苗助长的人。不仅没有益处，反而害死了禾苗。

---

①闵（mǐn）：通"悯"，担心，忧虑。

②揠（yà）：拔。

③芒芒然：疲倦的样子。

④其人：指他家里的人。

⑤病：疲倦，劳累。

⑥耘：锄草。

矢人岂不仁于函人哉

本章之中，孟子主要通过职业的选择来论述“仁”的问题。矢人造箭为伤人，函人造铠甲为救人；巫医是救死扶伤，匠人则希望棺材多卖出去。这四种职业正好造成了两种对立的思想和观点。孟子从“仁”的立场出发，认为这是职业选择的结果。选择职业就如同选择住处一样，要有“里仁为美”的思想，否则就会陷入不仁、不智、无礼、无义的境地。韩非子也对这个问题进行了深入的思考。韩非子认为：矢人、匠人、函人、巫医的职业选择与仁义与否无关，都是“利益”导致的结果。对这两种说法，我们可以思考。

原文

孟子曰：“矢人①岂不仁于函人②哉？矢人唯恐不伤人，函人唯恐伤人。巫匠③亦然。故术④不可不慎也。孔子曰：‘里仁为美。择不处仁，焉得智？’夫仁，天之尊爵也，人之安宅也。莫之御⑤而不仁，是不智也。不仁不智，无礼无义，人役也。人役而耻为役，由⑥弓人而耻为弓，矢人而耻为矢也。如耻之，莫如为仁。仁者如

射，射者正己而后发；发而不中，不怨胜己者，反求诸己而已矣。”

译文

孟子说：“造箭的人难道不如造铠甲的人仁慈吗？造箭的人唯恐自己造的箭不能够伤害人，造铠甲的人却唯恐箭伤害了人。巫医和做棺材的木匠之间也是这样的关系。所以，一个人选择谋生的职业不可以不谨慎。孔子说：‘居住在有仁厚风气的地方才好。选择住处而不选在有仁厚风气的地方，怎么能说是明智呢？’仁，是上天最尊贵的爵位，是人们最安逸的住所。没有人阻挡却不行仁，是不明智的。不仁不智、无礼无义的人，只配被别人驱使。被别人驱使而引以为耻，就像做了造弓的人却又以造弓为耻，做了造箭的人却又以造箭为耻一样。如果真正引以为耻，那就不如好好行仁。有仁德的人就像射手，射手先端正自己的姿势然后才放箭；如果没有射中，不怪比自己射得好的人，而是反过来找自己的原因。”

---

①矢人：造箭的人。

②函人：造铠甲的人。

③巫：巫医。匠：匠人，这里特指做棺材的木匠。

④术：职业，这里指选择谋生之术，也就是选择职业。

⑤御：阻挡。

⑥由：通“犹”，好像。

子路人告之以有过

本章中，孟子提出了“与人为善”的理论。与人为善，在孟子看来，是君子最高的德行。与人为善，用孟子的话说就是“取诸人以为善，是与人为善”，说白了就是吸取别人的优点来让自己行善，就是协同别人一道行善。同时在行善的时候，心情是快乐的。本章中，孟子引用了子路、大禹和舜等三位君子的事例来说明行善的重要性。子路闻过而喜，大禹闻善言则拜。尤其是舜从“耕稼、陶、渔”等基层工作做起，直到为帝都是“乐取于人以为善”。舜身上的所有优点没有一处不是从别人那里吸取来的。这看似是孟子的修身理论，其实也是一种从政理论，多少含有始于修身（行善），终于治国（与人为善）的意思。

原文

孟子曰：“子路，人告之以有过，则喜；禹[1]闻善言，则拜。大舜有大焉，善与人同，舍己从人，乐取于人以为善。自耕稼、陶、渔以至为帝，无非取于人者。取诸人以为善，是与人为善者也。故君子莫大乎与人为善。”

译文

孟子说："子路，别人指出他的过错，他就高兴；禹，听到善言，就拜谢。大舜又更是了不得，愿意同别人一道行善，抛弃缺点，学人长处，乐于吸取别人的优点来行善。舜从当农夫、陶工、渔夫，直到成为天子，没有哪一点长处不是从别人那里学来的。吸取众人的长处来行善，是同别人一道来行善。所以，君子没有同别人一起行善更伟大的了。"

---

①禹：传说中上古部落联盟的领袖，曾奉舜命治理洪水。

天时不如地利

这一章阐述的是孟子的战争论。孟子提出了战争取胜的三要素：一是天时，二是地利，三是人和，并认为三者之中“天时不如地利，地利不如人和”。这种战争观是正确的，是孟子对前代战争经验的总结，同时也得到了后世战争的验证。

天时、地利、人和这三者之中，孟子更尊人和。他认为人和就是得道的结果，得道就要实行仁政。同时孟子提出了“得道多助，失道寡助”的著名论断。这个论断，是孟子在战国这个战乱频仍的年代，针对依靠武力统一天下的理论而提出来的。“得道多助”的理论，和《左传》中强调民心向背是战争胜负的决定因素是一致的。从这个意义上来看，毛泽东同志提出的“兵民是胜利之本”的理论也是孟子思想的一个延伸。

原文

孟子曰：“天时不如地利，地利不如人和①。三里之城，七里之郭②，环而攻之而不胜。夫环而攻之，必有得天时者矣；然而不胜者，是天时不如地利也。城非不高也，池③非不深也，兵革④非不坚利也，米粟非不多也，委[⑤]而去之，是地利不如人和也。故曰：域民[⑥]不以封疆之界，固[⑦]国不以山溪之险，威天下不以兵革之利。得道者多助，失道者寡助。寡助之至，亲戚畔[⑧]之；多助之至，天下顺之。以天下之所顺，攻亲戚之所畔；故君子有[⑨]不战，战必胜矣。”

译文

孟子说：“有利的时机和气候不如有利的地势，有利的地势不如人的齐心协力。譬如一个有三里内城墙、七里外城墙的小城，四面围攻它都不能够攻破。既然四面围攻，总有遇到好时机或好天气的时候；但还是攻不破，这说明有利的时机和气候不如有利的地势。另一种情况是，城墙不是不高，护城河不是不深，兵器和甲胄不是不锐利坚固，粮草也不是不充足，但还是弃城而逃了，这就说明有利的地势不如人的齐心协力。所以说：老百姓不是靠封锁边境线就可以限制住的，国家不是靠山川险阻就可以保住的，扬威天下也不是靠锐利的兵器就可以做到的。拥有道义的人得到的帮助就多，失去道义的人得到的帮助就少。帮助的人少到极点时，连亲戚也会叛离；帮助的人多到极点时，全天下的人都会顺从。以全天下人都顺从的力量去攻打连亲戚都会叛离的人，必然是不战则已，战无不胜的了。”

---

①天时、地利、人和：《荀子·王霸篇》说：“农夫朴力而寡能，则上不失天时，下不失地利，中得人和而百事不废。”荀子所说的“天时”指农时，“地利”指土壤肥沃，“人和”指人的分工。而孟子在这里所说的“天时”则指

士兵作战的时机、气候等；“地利”则指山川险要，城池坚固等作战的地理形势；“人和”则指人心所向，内部团结等。

②三里之城，七里之郭：内城叫“城”，外城叫“郭”，内、外城大小一般是三里之城，七里之郭。

③池：护城河。

④兵：兵器。革：皮革，指甲胄。古代甲胄有用皮革做的，也有用铜铁做的。

⑤委：放弃。

⑥域民：限制人民。域，界限，限制。

⑦固：使之固，巩固。

⑧畔：通“叛”。

⑨有：或，要么。

孟子将朝王

本章体现了孟子的君臣观。孟子的君臣观表现在两方面：首先，君臣之间的关系应该是平等的关系，他引用曾子的话来说明这种平等。君主所恃的是“富”与“爵”，而臣子具备的是“仁”和“义”，对比之下，平等有了基础。同样，王的尊贵不应该表现在政治地位的优越上，而应该建立在仁义之上。这就是为什么孟子敢于拒绝齐王召见的原因。今日看来，孟子心中有平等的人格思想。其次，在君臣关系中，臣子如何做才是对君主的尊敬。孟子认为，对君主的尊敬不能表现在表面的顺从上，他认为，“我非尧舜之道，不敢以陈于王前”才是对君主最大的尊敬。只有君主先尊敬臣，臣才会服务于君主，并举了商汤、齐桓公等先向伊尹、管仲学习并尊敬他们，最终才得到二人的辅佐而称霸天下的例子来说明。因此，孟子认为，只有“尊德乐道”的君主才值得臣子的尊重和辅助。

原文

孟子将朝王①。王使人来曰：“寡人如②就见者也，有寒疾，不可以风。朝将视朝③，不识④可使寡人得见乎？”

对曰：“不幸而有疾，不能造[5]朝。”

明日，出吊于东郭氏[6]。公孙丑曰：“昔者辞以病，今日吊，或者不可乎？”

曰：“昔者疾，今日愈，如之何不吊？”

王使人问疾，医来。孟仲子[7]对曰：“昔者有王命，有采薪之忧[8]，不能造朝；今病小愈，趋造于朝，我不识能至否乎。”使数人要[9]于路，曰：“请必无归而造于朝！”

不得已而之景丑氏[10]宿焉。景子曰：“内则父子，外则君臣，人之大伦也。父子主恩，君臣主敬。丑见王之敬子也，未见所以敬王也。”

曰：“恶！是何言也！齐人无以仁义与王言者，岂以仁义为不美也？其心曰‘是何足与言仁义也’云尔，则不敬莫大乎是。我非尧舜之道，不敢以陈于王前，故齐人莫如我敬王也。”

景子曰：“否，非此之谓也。《礼》曰：‘父召，无诺[11]；君命召，不俟驾[12]。’固将朝也，闻王命而遂不果，宜[13]与夫《礼》若不相似然。”

曰：“岂谓是与？曾子曰：‘晋楚之富，不可及也。彼以其富，我以吾仁；彼以其爵，我以吾义。吾何慊[14]乎哉？’夫岂不义而曾子言之？是或一道也。天下有达尊三：爵一，齿一，德一。朝廷莫如爵，乡党莫如齿，辅世长民莫如德。恶得有其一，以慢其二哉？

“故将大有为之君，必有所不召之臣，欲有谋焉，则就之。其尊德乐道，不如是不足与有为也。故汤之于伊尹，学焉而后臣之，故不劳而王；桓公之于管仲，学焉而后臣之，故不劳而霸。今天下地丑[15]德齐，莫能相尚；无他，好臣其所教，而不好臣其所受教。汤之于伊尹，桓公之于管仲，则不敢召。管仲且犹不可召，而况不为管仲者乎？”

译文

孟子准备去朝见齐王。恰巧齐王派了个人来转达说：“我本应该亲自来看您，但是感冒了，吹不得风。明早我将上朝处理政务，不知您能否来朝廷上，让我见到您？”

孟子回答说：“十分不幸，我也生病了，不能上朝廷去。”

第二天，孟子要到东郭大夫家里去吊丧。公孙丑说：“昨天您托辞生病谢绝了齐王的召见，今天却又去东郭大夫家里吊丧，这或许不太好吧？”

孟子说：“昨天生病，今天好了，为什么不可以去吊丧呢？”

齐王派人来询问孟子的病情，并且带来了医生。孟仲子应付说：“昨天大王命令来时，他正生着病，不能上朝廷去；今天病刚好了一点儿，已经上朝廷去了，但我不知道他能否到达。”孟仲子又立即派几个人到路上去拦孟子，转告孟子说：“请您无论如何不要回家，赶快上朝廷去！”

孟子不得已而到景丑的家里去住宿。景丑说：“在家庭里有父子，在家庭外有君臣，这是人与人之间最重要的伦理关系。父子之间以慈恩为主，君臣之间以恭敬为主。我只看见齐王尊敬您，却没看见您尊敬齐王。”

孟子说：“哎！这是什么话！在齐国人当中，没有一个人与齐王谈论仁义，难道是他们觉得仁义不好吗？不是。他们内心说‘这样的王哪里配和他谈论仁义呢’，等等，这才是对齐王最大的不恭敬。至于我，不是尧舜之道就不敢拿来向齐王陈述。所以，齐国人没有谁比我对齐王更恭敬的了。”

景丑说：“不，我说的不是这个方面。《礼记》上说：‘父亲召唤，不等到答应就起身；君王召唤，不等到车马备好就起身。’可您呢，本来准备朝见齐王，听到齐王的召见却反而不去了，这似乎和《礼记》上所说的不大相合吧。”

孟子说：“难道你说的是这个吗？曾子说过：‘晋国和楚国的财富，没有人赶得上。不过，他有他的财富，我有我的仁；他有他的爵位，我有我的义。我有什么不满足的呢？’曾子说这些话难道没有道理吗？应该是有道理的吧。天下有三样最尊贵的东西：一样是爵位，一样是年龄，一样是德行。在朝廷上最尊贵的是爵位；在乡里最尊贵的是年龄；至于辅助君王治理百姓，最尊贵的是德行。他怎么能够凭爵位就来怠慢我的年龄和德行呢？

“所以，大有作为的君主一定有他不能召唤的大臣，如果他有什么事情需要出谋划策，就亲自去拜访他们。他尊崇德行、乐施仁政，不这样，就不能够做到大有作为。因此，商汤对伊尹，先向伊尹学习，然后才以他为臣，于是不费大力气就统一了天下；桓公对管仲，也是先向他学习，然后才以他为臣，于是不费大力气就称霸于诸侯。现在，天下各国的土地都差不多，君主的德行也都不相上下，相互之间谁也不能高出一筹，没有别的原因，就是因为君王们只喜欢用听他们话的人为臣，而不喜欢用能够教导他们的人为臣。商汤对伊尹、桓公对管仲就不敢召唤。管仲尚且不可以被召唤，更何况连管仲都不屑于做的人呢？”

---

①王：指齐王。

②如：宜，应当。

③朝将视朝：第一个“朝”读zhāo，清晨；第二个“朝”读cháo，朝廷。视朝，在朝廷处理政务。

④不识：不知。

⑤造：到，上。

⑥东郭氏：齐国的大夫。

⑦孟仲子：孟子的堂兄弟，跟随孟子学习。

⑧采薪之忧：本意是有病不能去打柴，引申为自称生病。薪，柴草。

⑨要（yāo）：拦截。

⑩景丑氏：齐国的大夫，下称景子。

⑪父召，无诺：出自《礼记·曲礼上》。意思是，听到父亲叫，不等说“诺”就要起身。诺，应答声，急时用“唯”，缓时用“诺”。

⑫不俟驾：不等到车马备好就起身。

⑬宜：大概，恐怕。

⑭慊（qiàn）：憾，不满足。

⑮丑：类似，相近，同。

前日于齐

本章之中，陈臻提出了一个关于“受金”的两难问题。对此，孟子辩证分析了君子对钱财的态度。宋、薛两国的馈金虽少，但都是有理由的关照，所以接受；齐国馈金虽多，却于理不合，所以拒绝。辞与不辞的核心问题，在于当与不当。君子爱财，取之有道。陈臻的问题看似无懈可击，其实是从形式的角度作了一个简单的逻辑分析。孟子的辩说，则用具体问题具体分析的方法来对其进行了辩驳。这和孔子的“富与贵，是人之所欲也，不以其道得之，不处也”的思想是一致的。

原文

陈臻①问曰：“前日于齐，王馈兼金②一百③而不受；于宋，馈七十镒而受；于薛④，馈五十镒而受。前日之不受是，则今日之受非也；今日之受是，则前日之不受非也。夫子必居一于此矣。”

孟子曰：“皆是也。当在宋也，予将有远行，行者必以赆⑤，辞曰‘馈赆’，予何为不受？当在薛也，予有戒心⑥，辞曰‘闻戒，故为兵馈之’，予何为不受？

若于齐，则未有处[7]也。无处而馈之，是货之也。焉有君子而可以货[8]取乎？”

译文

陈臻问道：“以前在齐国的时候，齐王送给您好金一百镒，您不接受；到宋国的时候，宋王送给您七十镒，您却接受了；在薛地，薛君送给您五十镒，您也接受了。如果以前的不接受是正确的，那后来的接受便是错误的；如果后来的接受是正确的，那以前的不接受便是错误的。老师您总有一次做错了吧。”

孟子说：“都是正确的。当在宋国的时候，我准备远行，对远行的人理应送些盘缠，所以宋王辞别时说‘送上一些盘缠’，我怎么能不接受呢？当在薛地的时候，我听说路上有危险，需要戒备，薛君辞别时说‘听说路上需要戒备，所以送上一点儿买兵器的钱’，我怎么能不接受呢？至于在齐国，则没有任何理由。没有理由却要送给我一些钱，这等于是用钱来收买我。哪里有君子可以拿钱收买的呢？”

---

①陈臻：孟子的学生。

②馈：赠送。兼金：好金。因其价格双倍于普通金，所以称为“兼金”。

③一百：即一百镒。镒为古代重量单位，一镒为二十两（一说二十四两）。

④薛：春秋时有薛国，但在孟子的时代已被齐国所灭，所以，这里的薛是指齐国靖郭君田婴的封地，在今山东滕州东南。

⑤赆（jìn）：给远行的人赠送路费或礼物。

⑥戒心：戒备、警惕之心。根据赵岐的注释，当时有恶人要害孟子，所以孟子有所戒备。

⑦未有处：没有出处，引申为没有理由。

⑧货：动词，收买，贿赂。

孟子之平陆

本章可以结合《邹与鲁哄》来看，至少说明三个问题：一是百姓生活很艰难，阶级矛盾非常尖锐。像“凶年饥岁，子之民，老羸转于沟壑，壮者散而之四方”的记载在孟子笔下经常出现。二是孟子对民生疾苦的关注。孟子在周游列国的时候多关心民生，他的很多言论和思想都是针对“凶年饥岁”的逃亡百姓而发的。“仁政”的思想就是来源于对民生的关注和拯救。三是统治阶级对人民疾苦的毫不关心和麻木。邹穆公欲杀民，孔距心的诡辩和推卸责任等都是明证。

原文

孟子之平陆[①]，谓其大夫[②]曰：“子之持戟之士，一日而三失伍，则去之否乎？”

曰：“不待三。”

“然则子之失伍也亦多矣。凶年饥岁，子之民，老羸[③]转于沟壑，壮者散而之四方者，几千人矣。”

曰：“此非距心之所得为也。”

曰：“今有受人之牛羊而为之牧之者，则必为之求牧与刍矣。求牧与刍而不得，则反诸其人乎？抑亦立而视其死与？”

曰：“此则距心之罪也。”

他日，见于王，曰：“王之为都[4]者，臣知五人焉。知其罪者，惟孔距心。”为王诵之。

王曰：“此则寡人之罪也。”

译文

孟子到了平陆，对那里的长官（孔距心）说：“如果您的卫士一天三次擅离职守，那么您开除不开除他呢？”

孔距心说：“不必等三次。”

孟子说：“那么您失职的地方也够多的了。灾荒之年，您的百姓，年老体弱抛尸露骨在山沟的，年轻力壮逃荒到四方的，将近一千人了。”

孔距心说：“这个问题不是我能够解决的。”

孟子说：“假如现在有个人，接受了别人的牛羊而替他放牧，那么必定要为牛羊寻找牧场和草料了。如果找不到牧场和草料，那么是把牛羊还给那个人呢，还是就站在那儿眼看着牛羊饿死呢？”

孔距心说：“这是我的罪过。”

往后的某一天，孟子朝见齐王，说：“大王的地方长官我认识五个，能认识自己罪过的，只有孔距心。”（孟子）给齐王复述了一遍他与孔距心的谈话。

齐王说：“这是我的罪过啊。”

①平陆：齐国边境的邑，在今山东汶上县北。

②大夫：这里指地方上的行政长官。

③羸（léi）：瘦弱。

④为：治理。都：县邑。

燕人畔

本章说明了孟子对错误的认识，可以参考《齐人伐燕取之》。孟子以前劝过齐王从燕国撤离，结果齐王没有听从，导致了诸侯国的攻击和另立燕王事件的发生。对此，陈贾为齐王辩解，认为这不是齐王的错，并引用“周公使管叔监殷”的故事来为齐王作狡辩。孟子据此提出了自己对于错误的观点：古之君子犯错，“如日月之食，民皆见之；及其更也，民皆仰之”，他们是勇于承担错误的，批评了陈贾面对错误不仅将错就错，还编造一番假道理来为错误狡辩的错误。

原文

燕人畔①。王曰：“吾甚惭于孟子。”

陈贾②曰：“王无患焉。王自以为与周公孰仁且智？”

王曰：“恶！是何言也！”

曰：“周公使管叔监殷，管叔以殷畔③。知而使之，是不仁也；不知而使之，是不智也。仁智，周公未之尽也，而况于王乎？贾请见而解之。”

见孟子，问曰："周公何人也？"

曰："古圣人也。"

曰："使管叔监殷，管叔以殷畔也，有诸？"

曰："然。"

曰："周公知其将畔而使之与？"

曰："不知也。"

"然则圣人且有过与？"

曰："周公，弟也；管叔，兄也。周公之过，不亦宜乎！且古之君子，过则改之；今之君子，过则顺之。古之君子，其过也，如日月之食，民皆见之；及其更也，民皆仰之④。今之君子，岂徒⑤顺之，又从为之辞。"

译文

燕国人反叛（齐国的占领）。齐王说："对孟子我感到很惭愧。"

陈贾说："大王不必犯愁。大王认为自己在仁和智方面同周公相比较，谁强一些？"

齐王说："哎！这是什么话！"

陈贾说："周公派管叔去监督殷人，管叔却带着殷人叛乱。（如果周公）知道他会反叛还派他去，这是不仁；如果不知道他会反叛而派他去，这是不智。仁和智，周公还未能完全具备，何况大王呢？请允许我见到孟子时向他作些解释。"

陈贾见到孟子，问道："周公是怎样的一个人？"

孟子说："古代的圣人。"

陈贾说："他派管叔监督殷人，管叔却带着殷人叛乱，有这回事吗？"

孟子说："有。"

陈贾问："周公是知道他会反叛而派他去的吗？"

孟子说："（周公）不知道。"

陈贾说："既然这样，那么（岂不是）圣人也会有过错吗？"

孟子说："周公是弟弟，管叔是哥哥，（谁能料到哥哥会背叛呢？）周公的过错，不也是情有可原的吗！况且古代的君子，犯了过错就改正；而现在的君子，犯了过错却照样犯下去。古代的君子，他的过错就像日食月食一样，人民都能看到；等他改正后，人民都仰望着他。现在的君子，哪里只是坚持错误，竟还为错误作辩解。"

---

①燕人畔：齐国占领燕国时，孟子曾向齐宣王提出，为燕立一新君而后撤离，齐王不听。两年内，燕人不服，赵国等诸侯国也反对齐吞并燕，怕齐国因此而变得更强大，于是立燕昭王，燕人拥护，迫使齐军败退撤回。

②陈贾：齐国大夫。

③周公使管叔监殷，管叔以殷畔：周武王灭商后，封纣王之子武庚管理商朝旧都。周公派其兄管叔去监视殷的遗民。武王死后，成王幼，周公执政，管叔和武庚反叛，后周公平定了叛乱。

④更：改。仰：抬头仰望。

⑤岂徒：何止，难道只是。

孟子致为臣而归

孟子在齐国居“齐卿之位”很多年，其间多次向齐王进行“仁政”的宣传，但都没有被齐王采纳。孟子认识到自己的摆设地位，所以向齐王提出了辞官的请求。齐王劝说他，孟子也没有留下。齐王又派时子以“授孟子室，养弟子以万钟”的待遇来挽留孟子。孟子依然拒绝了齐王的挽留。因为孟子认为当不能实现自己的价值和理想的时候就要离开，自己不会为了钱财去改变自己的志向，也不会做子叔疑那样的人。子叔疑是因贪慕权位而有垄断行为的人，就像许多人想从市场中获取利润一样。我们结合孟子的“富贵不能淫”来理解这段会更好。

原文

孟子致为臣而归①。王就见孟子，曰：“前日愿见而不可得，得侍同朝，甚喜。今又弃寡人而归，不识可以继此而得见乎？”

对曰：“不敢请耳，固所愿也。”

他日，王谓时子②曰：“我欲中国③而授孟子室，养弟子以万钟④，使诸大夫国人皆有所矜式⑤，子盍为我言之？”

时子因陈子[6]而以告孟子。陈子以时子之言告孟子。

孟子曰："然，夫时子恶知其不可也？如使予欲富，辞十万而受万，是为欲富乎？季孙[7]曰：'异哉，子叔疑[8]！使己为政，不用，则亦已矣；又使其子弟为卿。人亦孰不欲富贵？而独于富贵之中，有私龙断[9]焉。'古之为市也，以其所有易其所无者，有司者治之耳。有贱丈夫[10]焉，必求龙断而登之，以左右望而罔市利。人皆以为贱，故从而征之。征商，自此贱丈夫始矣。"

译文

孟子辞去齐国的官职准备回乡。齐王专门去看孟子，说："从前希望见到您而不可能，后来终于得以在一起共事，我感到很高兴。现在您又将抛弃我而归去了，不知我们以后还能不能相见？"

孟子回答说："我不敢请求罢了，这本来就是我的愿望。"

过了几天，齐王对臣下时子说："我想在都城中拨一所房子给孟子，再用万钟粮食供养他的学生，使各位大夫和人民都有所效法。你何不替我向孟子谈谈呢？"

时子便托陈子把这话转告给孟子。陈子把时子的话告诉了孟子。

孟子说："嗯，那时子哪里知道这事是做不得的呢？如果我是贪图财富的人，辞去十万钟俸禄的官不做却去接受一万钟的赏赐，这是想更富有吗？季孙曾经说：'子叔疑真奇怪！自己要做官，不被重用也就算了，却又让自己的弟子去做卿大夫。谁不想升官发财呢？可他却想在这升官发财中搞垄断。'这正如古代的市场交易，用自己所有的东西，跟别人交换自己所没有的东西，有关官吏只是从中进行管理罢了。但却有那么一个卑鄙的汉子，一定要找一个独立的高地登上去，左边望望，右边望望，恨不得把全市场的利益都由他一人捞去。别人都认为这人卑鄙，因此向他征税。征收商业税也就从这个卑鄙的汉子开始了。”

---

①致为臣而归：指孟子辞去齐宣王的客卿而归故乡。致，在古代有“致仕”“致禄”“致政”等多种说法，其中的“致”都是“归还”的意思。

②时子：齐国大夫。

③中国：在国都中，这里指临淄城。中，在这里是介词。国，即国都。

④钟：古代量器，六斛四斗为一钟。

⑤矜式：敬重，效法。

⑥陈子：即孟子的学生陈臻。

⑦季孙：赵岐注为孟子的弟子，朱熹则认为“不知何时人”。

⑧子叔疑：人名，与季孙一样不可考。

⑨龙断：即“垄断”。原意是名词，指高而不连的土山，后逐渐引申为把持、独占。

⑩丈夫：对成年男子的通称。

孟子去齐尹士语人

本章说的是孟子离开齐国，“三宿而后出昼”的事，孟子的这一行为引起了尹士的非议。尹士认为，孟子之所以在齐国边境上耐心等待齐王的反悔，不是孟子不明智就是孟子贪慕齐国的富贵。面对这一责难，孟子的回答是符合人之常情的。自己从邹国来到齐国就是为了说服齐王推行仁政。自己在昼邑待了三天就是为了等齐王回心转意。能改变最好，这样自己也可以实现“齐民安，天下之民举安”的理想。如果齐王不追，自己再走也不迟。孟子所盼望的不是一些人所期待的富贵荣华。二者是完全不同的。

原文

孟子去齐。尹士①语人曰：“不识王之不可以为汤武，则是不明也；识其不可，然且至，则是干②泽也。千里而见王，不遇故去，三宿而后出昼，是何濡滞③也？士则兹不悦。”

高子④以告。

曰：“夫尹士恶⑤知予哉？千里而见王，是予所欲也；不遇故去，岂予所欲哉？予不得已也。予三宿而出昼，于予心犹以为速，王庶几改之。王如改诸，则必反予。夫出昼而王不予追也，予然后浩然有归志。予虽然，岂舍王哉？王由足用为善。王如用予，则岂徒齐民安，天下之民举安。王庶几改之，予日望之！予岂若是小丈夫然哉？谏于其君而不受，则怒，悻悻然[6]见于其面，去则穷日之力而后宿哉？”

尹士闻之，曰："士诚小人也。"

译文

孟子离开齐国。尹士对人说："不知道齐王不能成为商汤、周武王那样的君主，那就是不明智；知道齐王不可能，然而还是到齐国来，那就是为着寻求好处。不远千里地来见齐王，不相投合而离开，在昼邑住了三夜才走，为什么这样滞留迟缓呢？我对（孟子）这一行为感到很不高兴。"

高子把这番话告诉了孟子。

孟子说："那尹士哪会懂得我（的想法）呢？千里迢迢来见齐王，这是我自己愿意的；不相投合而离开，难道也是我愿意的吗？我是不得已罢了。我住了三夜才离开昼邑，在我心里还觉得太快了，（心想）齐王或许会改变态度的。齐王如果改变了态度，一定会召我回去。（等到）离开了昼邑，齐王没有（派人）追我回去，我这才毅然下定决心回老家去。我虽然这么做了，难道肯舍弃齐王吗？齐王还是完全可以行仁政的。齐王如果任用我，那岂止是齐国的百姓得到安宁，天下的百姓都能得到安宁。齐王或许会改变态度的，我天天期望着他能改变！我难道像那种气度狭小的人吗？向君主进谏不被接受，就怒气冲冲，脸上显露出不满的表情，离开时就非得拼尽一天的气力赶路，然后才歇宿吗？”

尹士听了这话，说：“我真是个小人啊。”

---

①尹士：齐国人。

②干：求。

③濡（rú）滞：迟缓。

④高子：齐国人，孟子的弟子。

⑤恶：怎么，如何。

⑥悻悻然：愤恨不平的样子。

有为神农之言者

春秋战国时期，百家争鸣。本章中，孟子全面地批评了农家许行的思想。滕文公听从了孟子的“仁政”思想，在本国推行仁政，吸引了很多人才。其中影响比较大的是来到滕国的许行及其信徒陈相。为此，孟子根据陈相转述许行的话对农家学说进行一一反驳。孟子反对的第一个观点是“贤者与民并耕而食”。许行认为滕文公应该和百姓一起耕种自养，这样才算贤君。孟子从社会分工的角度予以层层反驳，提出了“劳心者治人，劳力者治于人；治于人者食人，治人者食于人”的观点。孟子反对的第二个观点是“市贾不贰，国中无伪”。孟子认为“物之不齐”是事物的本来属性；商品的质量不同，价格也不应该相同，如果强行推行一个价格，市场就会混乱。孟子的思想也许是对市场经济原理的最早肯定。

原文

有为神农之言①者许行②，自楚之滕，踵③门而告文公曰：“远方之人闻君行仁政，愿受一廛而为氓④。”文公与之处。其徒数十人，皆衣褐、捆屦、织席以为食⑤。

陈良之徒陈相与其弟辛[6]，负耒耜而自宋之滕，曰：“闻君行圣人之政，是亦圣人也。愿为圣人氓。”

陈相见许行而大悦，尽弃其学而学焉。陈相见孟子，道许行之言曰：“滕君，则诚贤君也。虽然，未闻道也。贤者与民并耕而食，饔飧[7]而治。今也滕有仓廪府库，则是厉[8]民而以自养也，恶得贤？”

孟子曰：“许子必种粟而后食乎？”

曰：“然。”

“许子必织布而后衣乎？”

曰：“否，许子衣褐。”

“许子冠乎？”

曰：“冠。”

曰：“奚冠？”

曰：“冠素。”

曰：“自织之与？”

曰：“否，以粟易之。”

曰：“许子奚为不自织？”

曰：“害于耕。”

曰：“许子以釜甑爨，以铁耕乎[9]？”

曰：“然。”

“自为之与？”

曰：“否，以粟易之。”

“以粟易械器者，不为厉陶冶；陶冶亦以其械器易粟者，岂为厉农夫哉？且许子何不为陶冶，舍[10]皆取诸其宫中[11]而用之？何为纷纷然与百工交易？何许子之不惮烦？”

曰：“百工之事，固不可耕且为也。”

“然则治天下，独可耕且为与？有大人[12]之事，有小人之事。且一人之身而百工之所为备，如必自为而后用之，是率天下而路[13]也。故曰：或劳心，或劳力；劳心者治人，劳力者治于人；治于人者食人，治人者食于人，天下之通义也。

“当尧之时，天下犹未平，洪水横流，泛滥于天下，草木畅茂，禽兽繁殖，五谷不登，禽兽逼人，兽蹄鸟迹之道交于中国。尧独忧之，举舜而敷[14]治焉。舜使益掌火，益烈山泽而焚之，禽兽逃匿。禹疏九河，瀹济、漯[15]，而注诸海；决汝、汉，排淮、泗，而注之江，然后中国可得而食也。当是时也，禹八年于外，三过其门而不入，虽欲耕，得乎？

“后稷[16]教民稼穑，树艺[17]五谷，五谷熟而民人育。人之有道也，饱食、暖衣、逸居而无教，则近于禽兽。圣人有忧之，使契[18]为司徒，教以人伦：父子有亲，君臣有义，夫妇有别，长幼有叙，朋友有信。放勋[19]曰：‘劳之来之[20]，匡之直之，辅之翼之，使自得之，又从而振德之。’圣人之忧民如此，而暇耕乎？

“尧以不得舜为己忧，舜以不得禹、皋陶[21]为己忧。夫以百亩之不易[22]为己忧者，农夫也。分人以财谓之惠，教人以善谓之忠，为天下得人者谓之仁。是故以天下与人易，为天下得人难。孔子曰：‘大哉尧之为君！惟天为大，惟尧则之，荡荡乎，民无能名焉！君哉舜也！巍巍乎，有天下而不与焉！’尧舜之治天下，岂无所用其心哉？亦不用于耕耳。

“吾闻用夏变夷者，未闻变于夷者也。陈良，楚产也，悦周公、仲尼之道，北学于中国。北方之学者，未能或之先也。彼所谓豪杰之士也。子之兄弟事之数十年，师死而遂倍[23]之！昔者，孔子没，三年之外，门人治任[24]将归，入揖于子贡，相向而哭，皆失声，然后归。子贡反，筑室于场，独居三年，然后归。他日，子夏、子张、子游，以有若似圣人，欲以所事孔子事之，强曾子。曾子曰：‘不可。江汉以濯之，秋阳以暴[25]之，皓皓[26]乎不可尚已。’今也，南蛮鴃[27]舌之人，非先王之道；子倍子之师而学之，亦异于曾子矣。吾闻出于幽谷迁于乔木者，未闻下乔木而入于幽谷者。《鲁颂》曰：‘戎狄是膺，荆舒是惩[28]。’周公方且膺之，子是之学，亦为不善变矣。”

“从许子之道，则市贾不贰[29]，国中无伪；虽使五尺之童[30]适市，莫之或欺。布帛长短同，则贾相若；麻缕丝絮轻重同，则贾相若；五谷多寡同，则贾相若；屦大小同，则贾相若。”

曰：“夫物之不齐，物之情也。或相倍蓰[31]，或相什百，或相千万。子比而同之，是乱天下也。巨屦小屦[32]同贾，人岂为之哉？从许子之道，相率而为伪者也，恶能治国家？”

译文

有一个奉行神农氏学说名叫许行的人，从楚国到滕国进见滕文公说：“我这个从远方来的人听说您施行仁政，希望得到一所住处，成为您的百姓。”滕文公给了他住处。许行的门徒有几十个人，都穿着粗布衣服，靠打草鞋、织席子谋生。

陈良的门徒陈相和他弟弟陈辛背着农具从宋国来到滕国，也进见滕文公说：“听说您施行圣人的政治，那么，您也是圣人了。我们都愿意做圣人的百姓。”

陈相见到许行后非常高兴，完全抛弃了自己以前所学的而改学许行的学说。陈相有一天去拜访孟子，转述许行的话说：“滕文公的确是个贤明的君主，不过，他还没有掌握真正的治国之道。贤明的君主治国应该和老百姓一道耕种而食，一道做饭。现在滕国却有储藏粮食的仓库，存放财物的仓库，这是损害老百姓来奉养自己，怎么能够叫作贤明呢？”

孟子问：“许先生一定要自己种庄稼才吃饭吗？”

陈相回答说：“是的。”

孟子问：“许先生一定要自己织布才穿衣服吗？”

陈相说：“不，许先生只穿粗布衣服。”

孟子问：“许先生戴帽子吗？”

陈相说：“戴。”

孟子问：“戴什么帽子呢？”

陈相说：“戴白绸帽子。”

孟子问："他自己织的吗？"

陈相说："不是，是用粮食换来的。"

孟子问："许先生为什么不自己织呢？"

陈相说："因为怕误了农活。"

孟子问："许先生用锅和甑子做饭，用铁器耕种吗？"

陈相说："是的。"

孟子问："他自己做的吗？"

陈相说："不是，是用粮食换的。"

孟子于是说："农夫用粮食换取锅、甑和农具，不能说是损害了瓦匠、铁匠。那么，瓦匠和铁匠用锅、甑和农具换取粮食，难道就能够说是损害了农夫吗？而且，许先生为什么不自己烧窑冶铁做成锅、甑和各种农具，什么东西都放在家里随时取用呢？为什么要一件一件地去和各种工匠交换呢？为什么许先生这样不怕麻烦呢？"

陈相回答说："各种工匠做的事情，当然不能跟耕种庄稼一起做。"

孟子接着说："那么治理国家就单单可以一边耕种一边治理了吗？官吏有官吏的事，百姓有百姓的事。况且，每一个人所需要的生活资料都要靠各种工匠生产出的产品才能齐备，如果都一定要自己亲手做成才能使用，那就是率领天下的人疲于奔命。所以说：有的人从事脑力劳动，有的人从事体力劳动；脑力劳动者统治人，体力劳动者被人统治；被统治者养活别人，统治者靠别人养活，这是通行天下的原则。

"在尧那个时代，天下还未太平，洪水成灾，四处泛滥；草木无限制生长，禽兽大量繁殖，谷物没有收成，飞禽走兽危害人类，到处都是它们的踪迹。尧为此非常担忧，选拔舜出来全面治理。舜派益安排用火烧，益便用烈火焚烧山野沼泽的草木，飞禽走兽于是四散而逃。大禹疏通九条河道，治理济水、漯水，引流入海；挖掘汝水、汉水，疏通淮水、泗水，引流入长江。这样中原才可以进行农业耕种。当时，禹在外奔走了八年，三次经过自己家门前都没进去，即便他想亲自种地，行吗？

“后稷教老百姓耕种收获庄稼，栽培五谷，五谷成熟了才能够养育百姓。人之所以为人，如果只是吃饱了，穿暖了，住得安逸了，而没有教养，那就和禽兽差不多。圣人又为此而担忧，派契做司徒，用人与人之间应有的伦常关系和道理来教育百姓：父子之间有骨肉之亲，君臣之间有礼义之道，夫妻之间有内外之别，老少之间有尊卑之序，朋友之间有诚信之德。尧说道：‘慰劳他们，安抚他们，开导他们，纠正他们，辅助他们，保护他们，使他们自觉，再进一步提高他们的品德。’圣人为老百姓考虑得如此之周到，难道还有时间来亲自耕种吗？

“尧把得不到舜这样的人作为自己的忧虑，舜把得不到禹和皋陶这样的人作为自己的忧虑。那些把耕种不好百亩田地作为自己忧虑的，是农夫。把钱财分给别人叫作惠，把好的道理教给别人叫作忠，为天下民众发现人才叫作仁。所以把天下让给人容易，为天下发现人才却很难。孔子说：‘尧做天子真是伟大！只有天最伟大，也只有尧能够效法天，他的圣德无边无际，老百姓找不到恰当的词语来赞美他！舜也是了不得的天子！虽然有了这样广阔的天下，自己却并不占有它！’尧和舜治理天下，难道不用心思吗？只不过不用在耕田种地上罢了。

“我只听说过用中原的一切来改变边远落后地区的，没有听说过用边远落后地区的一切来改变中原的。陈良，是楚地出生的人，喜爱周公、孔子的学说，由南而北来到中原学习。北方的学者还没有人能够超过他。他可以称得上是豪杰之士了。你们兄弟跟随他学习几十年，他一去世，你们就背叛了他！以前孔子去世的时候，门徒们都为他守孝三年，三年以后，大家才收拾行李准备回家。临走的时候，都去向子贡行礼告别，相对而哭，泣不成声，然后才离开。子贡又回到孔子的墓地重新筑屋，独自守墓三年，然后才离开。后来，子夏、子张、子游，认为有若有点儿像孔子，便想用尊敬孔子的礼来尊敬他，他们希望曾子也同意。曾子说：‘不可以。就像曾经用江汉的水清洗过，又在秋阳下曝晒过，我们的老师洁白无瑕，是没有谁能够相比的。’如今这个怪腔怪调的南方人，说话诽谤先王的圣贤之道，你们却背叛自己的老师而向他学习，这和曾子的态度恰恰相反。我只听说过鸟从幽暗的山沟飞出来迁往高大的树木的，从没听说过从高大的树木飞下来迁往幽暗的山沟的。《鲁颂》说：‘攻击北方的戎狄，惩罚南方的荆舒。’周公尚且要攻击楚国这样的南方民族，你们却去向他学习，这简直是越变越坏了啊。”

陈相说：“如果听从许先生的学说，市场价格就会统一，人人没有欺诈；就是打发一个小孩子去市场，也不会被欺骗。布匹丝绸的长短一样，价格也就一样；麻线丝绵的轻重一样，价格也就一样；五谷的多少一样，价格也就一样；鞋子的大小一样，价格也就一样。”

孟子说："各种东西的质量和价格不一样，这是很自然的，有的相差一倍五倍，有的相差十倍百倍，有的甚至相差千倍万倍。您想让它们完全一样，是搞乱天下罢了。一双粗糙的鞋子与一双精致的鞋子价格完全一样，人们难道会同意吗？听从许先生的学说，只会引导大家去作假，怎么能够治理好国家呢？"

---

①神农之言：神农氏的学说。神农，传说中的上古人物，常与伏羲氏、燧人氏一道被称为"三皇"。神农氏主要的功绩是教人从事农业生产，所以叫"神农"。春秋战国时期，诸子百家多托古圣贤之名而标榜自己的学说。"农家"就假托为"神农之言"。

②许行：农家代表人物之一，生平不详。

③踵（zhǒng）：至，到。

④廛（chán）：住房。古时一家所居占地二亩半，称一廛。氓：由他处迁来的百姓。

⑤衣（yì）褐（hè）、捆屦（jù）、织席以为食：穿粗布衣，靠编草鞋、织草席谋生。衣，动词，穿。褐，粗布衣。屦，草鞋。

⑥陈良：楚国的儒士。陈相、陈辛：都是陈良的学生。

⑦饔（yōng）：早餐。飧（sūn）：晚餐。

⑧厉：残害。

⑨釜（fǔ）：金属制的锅。甑（zèng）：用瓦做的蒸饭器。爨（cuàn）：烧火做饭。铁：指用铁制的农具。

⑩舍：相当于方言"啥"，即什么东西、一切东西的意思。

⑪宫中：家中。古代人无论贵贱其住宅都可以叫"宫"，秦汉以后才专指帝王所居之处为宫。

⑫大人：这里指有地位的人，与下文"小人"相对。

⑬路：指奔波、劳累。

⑭敷：遍。

⑮瀹（yuè）：疏导。济、漯（tà）：济水和漯水。

⑯后稷：相传为周朝的始祖，名弃，尧帝时为农师。

⑰树艺：种植。

⑱契（xiè）：人名，相传是殷商的祖先，姓子，尧帝时任司徒。

⑲放勋：尧的称号，放是大，勋是功劳，原本是史官的赞誉之辞，后来成为尧的称号。

⑳劳（lào）之来（lài）之：劳、来都读去声，劝勉，慰劳。

㉑皋陶（gāo yáo）：人名，相传为虞舜时的司法官。

㉒易：治。

㉓倍：通“背”，背叛。

㉔治任：准备行李。治，整治。任，负担。

㉕秋阳：周历七、八月，相当于夏历五、六月，所以这里所说的秋阳实际相当于今天的夏阳。暴，晒。

㉖皓（hào）皓：光明洁白的样子。

㉗鴃（jué）：伯劳鸟。

㉘戎狄是膺，荆舒是惩：引自《诗经·鲁颂·閟宫》。戎狄是北方的异族。荆、舒是南方的异族。膺，击退。惩，惩罚，使之不敢侵略。

㉙贾：“价”的古字。不贰：没有两样。

㉚五尺之童：指未成年的儿童。古代尺寸短，五尺相当于现在三尺多一点儿。

㉛倍：一倍。蓰（xǐ），五倍。后文的“什”“百”“千”“万”都是指倍数。

㉜巨屦小屦：粗糙的草鞋与精致的草鞋。

公孙衍张仪

本章讨论的是孟子的“大丈夫”观。何谓大丈夫，在当时或在本章中存在着两种截然不同的说法。景春是当时的纵横家，在政界享有盛名。他所推崇的是公孙衍和秦国的大政客张仪。此二人能够做到“一怒而诸侯惧，安居而天下熄”，景春以为这样的才是大丈夫。孟子则认为：首先，大丈夫要有“仁”“义”“礼”三德相配，这是其对大丈夫道德礼仪的界定。其次，大丈夫还要有“得志，与民由之；不得志，独行其道”的进退之道。这与“穷则独善其身，达则兼济天下”的思想是有一致性的。最后，“富贵不能淫，贫贱不能移，威武不能屈”才算是真正大丈夫。这是孟子对大丈夫人格的界定。

原文

景春①曰：“公孙衍②、张仪③岂不诚大丈夫哉？一怒而诸侯惧，安居而天下熄④。”

孟子曰：“是焉得为大丈夫乎？子未学礼乎？丈夫之冠也，父命之⑤；女子之嫁也，母命之，往送之门，戒之曰：‘往之女家，必敬必戒，无违夫子！’以顺为正者，妾妇之道也。

“居天下之广居，立天下之正位，行天下之大道[⑥]。得志，与民由之；不得志，独行其道。富贵不能淫，贫贱不能移，威武不能屈，此之谓大丈夫。”

译文

景春说：“公孙衍和张仪难道不是真正的大丈夫吗？发起怒来，诸侯们都会害怕；安静下来，天下就会平安无事。”

孟子说：“这怎么算得上是大丈夫呢？你没有学过礼节吗？男子举行加冠礼的时候，父亲给予训导；女子出嫁的时候，母亲给予训导，送她到门口，告诫她说：‘到了你丈夫家里，一定要恭敬，一定要谨慎，不要违背你的丈夫！’以顺从为原则的，是妾妇之道。

“至于大丈夫，应该以天下为自己所住的家园，以天下事业为自己的岗位，走在为天下人谋福利的道路上。得志的时候，便与老百姓一同前进；不得志的时候，便独自坚持自己的原则。富贵不能使自己骄奢淫逸，贫贱不能使自己改变操守，威武不能使自己屈服意志，这样才叫作大丈夫！”

---

①景春：孟子时的纵横家。

②公孙衍：魏国人，号“犀首”，著名的说客。

③张仪：魏国人，与苏秦同为纵横家的主要代表。致力于游说各国以连横去服从秦国，瓦解齐楚联盟，使秦国更为强大。与苏秦“合纵”政策相对。

④熄：指战火熄灭，天下太平。

⑤丈夫之冠也，父命之：古代男子到二十岁成年，行加冠礼，父亲教导他。

⑥广居：大丈夫志在天下，以天下为自己所住的家园，故曰“广居”。位：岗位。以天下事业为自己的岗位，故曰“正位”。大道：所行所为都是走着有关天下福利的道路，故曰“大道”。

后车数十乘

本章其实提出了两个重要的问题：一个是当受与不当受的问题；一个是动机与效果的问题。对于当受和不当受的问题，彭更认为读书人不应当接受厚重的赏赐。孟子则从精神和物质的角度分析，梓匠、农夫是对物质生活的满足，读书人则是对人的精神、思想领域进行的教育与引导的满足。这样的回答放到今天依然可以解决相关社会思想问题。关于动机与效果，孟子则是从实际功绩，也就是从效果方面来看待问题、解决问题的。他批评了彭更的动机论，并借此说明，士的志向不是为了"食"，而是以仁义教化世人，同时也要收到良好的效果。所以，"传食于诸侯""不以为泰"。面对生活与工作的实践，不可能事事都能做到二者的统一。在这种情况下，恐怕还是应该主要看实际功绩，也就是"食功"而"非食志"了吧。

原文

彭更[①]问曰："后车数十乘，从者数百人，以传食[②]于诸侯，不以泰[③]乎？"

孟子曰："非其道，则一箪食不可受于人；如其道，则舜受尧之天下，不以为泰。子以为泰乎？”

曰：“否。士无事而食，不可也。”

曰：“子不通功易事[④]，以羡[⑤]补不足，则农有余粟，女有余布；子如通之，则梓、匠、轮、舆[⑥]，皆得食于子。于此有人焉，入则孝，出则悌，守先王之道，以待[⑦]后之学者，而不得食于子。子何尊梓、匠、轮、舆而轻为仁义者哉？”

曰：“梓、匠、轮、舆，其志将以求食也；君子之为道也，其志亦将以求食与？”

曰：“子何以其志为哉？其有功于子，可食而食之矣。且子食志乎？食功乎？”

曰：“食志。”

曰：“有人于此，毁瓦画墁[⑧]，其志将以求食也，则子食之乎？”

曰：“否。”

曰：“然则子非食志也，食功也。”

译文

彭更问道：“跟在身后的车有几十辆，跟随的人有几百个，从这个诸侯国吃到那个诸侯国，不是太过分了吗？”

孟子说：“如果不正当，就是一碗饭也不能够接受；如果正当，就是像舜那样接受了尧的天下也不过分。你认为过分吗？”

彭更说：“不，我不是这个意思。我是觉得，读书人不劳动而白吃饭，是不对的。”

孟子说：“你如果不互通有无，交换各行各业的产品，用多余的来补充不足的，就会使农民有多余的粮食没人吃，妇女有多余的布没人穿。你如果互通有无，那么，木匠、车工都可以从你那里得到吃的。比如说这里有一个人，在家孝顺父母，出门尊敬长辈，奉行先王的圣贤学说，来培养后代的学者，却不能从你那里得到吃的。你怎么可以尊重木匠、车工却轻视奉行仁义道德的人呢？”

彭更说：“木匠、车工，他们干活的动机就是求饭吃；君子遵行仁义，其动机也是求饭吃吗？”

孟子说：“你为什么以他们的动机来看问题呢？只要他们对你有功绩，应该给他们吃的，那就给他们吃的罢了。况且，你是论动机给他们吃的呢，还是论功绩给他们吃的呢？”

彭更说：“论动机。”

孟子说：“比如这里有一个人，把屋瓦打碎，在新刷好的墙壁上乱画，但他这样做的动机是弄到吃的，你给他吃的吗？”

彭更说：“不给。”

孟子说：“那么，你不是论动机，而是论功绩的了。”

---

①彭更：人名，孟子的学生。

②传食：辗转受人供养。

③泰：奢侈，过分。

④通功易事：交流成果，交换物资。

⑤羡：余，多余。

⑥梓：制造木器的工人。匠：木匠。轮：制造车轮的工人。舆：制造车子的工人。

⑦待：通“持”，扶持。

⑧墁（màn）：这里指新粉刷过的墙壁。

宋小国也

本章是孟子“仁政”思想的又一次发挥，可以结合《滕小国也间于齐楚》一章比较阅读。孟子的弟子问宋国将行王政，齐楚以此为恶而攻打宋，宋该怎么办。面对小国施行仁政而引起大国仇视的问题，孟子举出了商汤和周武王的故事来阐释应对之法。商汤善待葛伯，可是葛伯再三违背礼制并枉杀百姓。商汤征伐葛伯，获得了民心，一统天下。周武王也通过征伐来拯救百姓于水火而得到万民的拥戴。这些都是有历史记载的。孟子借历史故事来讲明行王政只会兴国，不会亡国的道理。这次孟子似乎错了，《史记·宋世家》记载，宋还是为齐楚所灭。

原文

万章[①]问曰：“宋，小国也，今将行王政；齐楚恶而伐之[②]，则如之何？”

孟子曰：“汤居亳[③]，与葛为邻。葛伯放而不祀，汤使人问之，曰：‘何为不祀？’曰：‘无以供牺牲[④]也。’汤使遗之牛羊。葛伯食之，又不以祀。汤又使人问之，曰：‘何为不祀？’曰：‘无以供粢盛[⑤]也。’汤使亳众往为之耕，老弱馈食[6]。葛伯率其民，要[7]其有酒食黍稻者夺之，不授者杀之。有童子以黍肉饷[8]，杀而夺之。《书》曰：'葛伯仇饷。'此之谓也。为[9]其杀是童子而征之，四海之内皆曰：'非富天下也，为匹夫匹妇复仇也。'

"汤始征，自葛载[10]，十一征而无敌于天下。东面而征，西夷怨；南面而征，北狄怨，曰：'奚为后我？'民之望之，若大旱之望雨也。归市者弗止，芸者不变，诛其君，吊其民，如时雨降，民大悦。《书》曰：'徯我后，后来其无罚。'

"'有攸不惟臣，东征，绥厥士女。匪厥玄黄，绍我周王见休[11]，惟臣附于大邑周。'其君子实[12]玄黄于匪，以迎其君子；其小人箪食壶浆，以迎其小人。救民于水火之中，取其残而已矣[13]。《太誓》曰：'我武惟扬，侵于之疆[14]，则取于残，杀伐用张，于汤有光。'

"不行王政云尔，苟行王政，四海之内皆举首而望之，欲以为君。齐楚虽大，何畏焉？"

译文

万章问道："宋国是个小国，现在打算施行仁政，如果齐楚两国憎恨它，出兵攻打，那该怎么办？"

孟子说："从前汤居住在亳地，同葛国比邻。葛伯放纵无道，不祭祀先祖。汤派人问他：'为什么不祭祀？'（葛伯）说：'没有供祭祀用的牲畜。'汤就派人送给他牛羊。葛伯把牛羊吃了，还是不祭祀。汤又派人问他：'为什么不祭祀？'（葛伯）说：'没有供祭祀用的谷物。’汤就叫亳地的群众去替他耕种，年老体弱的送饭。葛伯带领自己的人拦截带有酒肉饭菜的人进行抢夺，不肯给的就杀掉。有个孩子拿着饭和肉去送给耕种的人，（葛伯）杀了孩子，抢走了饭和肉。《尚书》上说：‘葛伯仇视送饭的人。’说的就是这件事。因为葛伯杀了这个孩子，汤才去征讨他，普天下的人都说：‘汤征讨葛伯不是要把天下变为自己的财富，是为了给平民百姓报仇。’

“汤王征讨，从葛国开始，征讨十一次，天下无敌。向东征讨，西面的民族就埋怨；向南征讨，北面的民族就埋怨。（他们埋怨）说：‘为什么把我们这里放在后面？’人民盼望他来，就像在大旱之年盼望下雨一样。（汤所到之处，）做生意的照常经营，种田的人照常干活，杀掉那里的暴君，安抚那里的人民，就像及时雨从天而降，人民万分喜悦。《尚书》上又说：‘等待我们的君王，君王来了我们就不再受折磨。’

“‘攸国不肯称臣，（周武王）向东征讨它，安抚那里的人们。（人们）用竹筐装着黑色、黄色的绢帛迎接周王，愿意侍奉周王而受他恩泽，称臣归附大周国。’那里的官吏用筐装满黑色、黄色的绢帛迎接周王的官吏，那里的百姓抬着饭筐、提着酒壶迎接周王的战士。（就因为周王）把那里的人民从水深火热中拯救出来，除掉了他们的暴君罢了。《太誓》上说：‘我军威武要发扬，攻到他国疆土上，诛除暴君去凶残，杀伐之功震四方，伟绩辉煌胜成汤。’

“不行仁政便罢了，如果行仁政，普天下的人都将仰起头来盼望他，要拥护他做自己国家的君主。齐楚两国尽管强大，有什么可怕的呢？”

①万章：孟子的弟子。

②齐楚恶而伐之：指宋王偃早期想施行仁政以图兴国，后宋发生内乱，诸大国觊觎，宋为齐楚所灭。

③亳（bó）：邑名，在今河南商丘东南。

④牺牲：用以祭祀的牛、羊、猪。

⑤粢盛（zī chéng）：黍稷曰“粢”，盛在祭器中的黍稷曰“粢盛”。

⑥馈（kuì）食：送食物。

⑦要（yāo）：中途拦截。

⑧饷：送食。

⑨为：因为。

⑩载：开始。

⑪休：美善，光辉。

⑫实：装满。

⑬取：去除。残：指残民之人。

⑭我：指周朝。武：威武。惟：助词，无意义。扬：伸张。之：其。

孟子谓戴不胜

本章孟子强调了环境对人的影响。孟子的成才得益于“孟母三迁”，所以孟子对环境对人的影响有着深刻的理解。

当宋王把善人薛居州引入宫中与自己为伴时，众人都表示赞赏。对此，孟子有自己的看法。他认为，只有一个薛居州很难在宫中打造一个向善的环境。他首先向戴不胜讲述了一个楚人学齐语的故事，说明环境的重要性。然后以此类推，说明如果宋王周围的“长幼卑尊”皆善者，则用不着薛居州；如果宋王周围的所有人都是不善者，一个薛居州向善对宋王又有什么影响呢？对孟子的话我们可以多面理解：一是，孟子的原意是要戴不胜多多向宋王推荐贤者造成一种向善的环境；二是，孟子过分地强调了环境对人的影响而忽视了人的主观能动性的发挥。

原文

孟子谓戴不胜①曰：“子欲子之②王之善与？我明告子：有楚大夫于此，欲其子之齐语也，则使齐人傅诸，使楚人傅诸？”

曰：“使齐人傅之。”

曰："一齐人傅之，众楚人咻[3]之，虽日挞而求其齐也，不可得矣；引而置之庄岳[4]之间数年，虽日挞而求其楚，亦不可得矣。子谓薛居州，善士也，使之居于王所。在于王所者，长幼卑尊皆薛居州也，王谁与为不善？在王所者，长幼卑尊皆非薛居州也，王谁与为善？一薛居州，独如宋王何？"

译文

孟子对戴不胜说："你希望你的君王向善吗？我明白告诉你吧：这里有位楚国大夫，希望他的儿子会说齐国话，那么是找齐国的人来教他好呢，还是找楚国的人来教他好？"

戴不胜说："找齐国人来教。"

孟子说："一个齐国人教他齐国话，却有许多楚国人在他周围说楚国话来干扰他，即使你每天鞭打他，要求他说齐国话，也是做不到的；假若带领他在临淄庄街岳里的闹市住上几年，即使你每天鞭打他，要求他说楚国话，那也是做不到的。你说薛居州是个好人，要他住在王宫中。如果在王宫中的人，无论年龄大小、地位尊卑都是像薛居州那样的好人，那君王和谁去做坏事呢？如果在王宫中的人，无论年龄大小、地位尊卑都不是像薛居州那样的好人，那君王又和谁去做好事呢？单单一个薛居州能把宋王怎么样呢？"

---

①戴不胜：人名，宋国大臣。

②之：助词，的。

③咻（xiū）：喧哗。

④庄岳：齐国的街、里名。庄，街名。岳，里名。

不见诸侯何义

本章孟子论述了君子的修养。“不为臣不见诸侯”，是古代君子的一种修养。当公孙丑理解为“不主动地去谒见诸侯”时，孟子提出了自己的看法。他认为这句话应该理解为：一个人如果不是诸侯的臣属，便不去谒见。同时，孟子又提出这样的观点：如果诸侯事之以礼，先来请教，则是可以相见的。这样既体现了诸侯重视贤才，也保留了自己为士的尊严，同样也是合于礼仪的。我们说这是孟子对“不为臣不见”的个人理解，也可以说是他的一种有意的曲解。孟子认为，像段干木跳墙而跑不见魏文侯、泄柳闭门不见鲁穆公的行为都是不对的，是一种故意显示。同样，阳货馈孔子豚的行径也是不对的，因为阳货的表现是一种狡诈的行为。可见，孟子在见诸侯的问题上是开明的。

原文

公孙丑问曰：“不见诸侯何义？”

孟子曰：“古者不为臣不见。段干木[①]逾垣而辟[②]之，泄柳[③]闭门而不内，是皆已甚；迫，斯可以见矣。阳货欲见孔子[④]而恶无礼。大夫有赐于士，不得受于其家，则往拜其门。阳货瞰[⑤]孔子之亡也，而馈孔子蒸豚；孔子亦瞰其亡也，而往拜之。当是时，阳货先，岂得不见？

“曾子曰：‘胁肩谄笑，病于夏畦[⑥]。’子路[⑦]曰：‘未同而言，观其色赧赧然，非由之所知也。’由是观之，则君子之所养，可知已矣。”

译文

公孙丑问道：“不主动去拜见诸侯是什么道理？”

孟子说：“在古代，（一个人）如果不是诸侯的臣属，便不去拜见。（从前魏文侯去看段干木，）段干木跳墙躲避魏文侯，（鲁穆公去看泄柳，）泄柳闭门不接待鲁穆公，这些都做得过分了；求见的人如此迫切，这就可以相见。阳货想要孔子来拜见他，又厌恶别人说他不懂礼仪。大夫对士人有所赏赐，当时士人如果没有在家亲自接受的话，就得上大夫家去拜谢。因此，阳货便趁孔子不在家的时候，给孔子送去一只蒸乳猪；孔子也打听到阳货不在家时，前去拜谢。当时，要是阳货真心诚意地先去看孔子，孔子难道不去拜见他吗？

“曾子说：‘耸起两个肩头，做出一副讨好人的笑脸，这真比夏天在菜地里干活还要令人难受哇！’子路说：‘分明不愿意和那人谈话，却要勉强去谈，脸上还做出羞惭的样子，这种人不是我所能够理解的。’从这里来看，君子是怎样修养自己的，就可以知道了。”

①段干木：姓段干，名木，魏文侯时贤者。

②辟：通“避”，躲避。

③泄柳：人名，鲁穆公时人。

④阳货欲见孔子：事又见《论语·阳货篇》。“见”在这里是使动用法，是阳货想让孔子来拜见他的意思。

⑤瞰：窥探，窥伺。

⑥胁肩谄笑：形容逢迎谄媚的丑态。胁肩，耸起肩头，表示恭敬。畦：本指菜地间划分的行列，这里作动词用，指在菜地里劳动。

⑦子路：孔子的弟子。

什一去关市之征

本章体现了孟子如何对待错误。孟子认为，当错误出现的时候，不能拖延而应该及时改正。本章是针对宋国的苛政而阐发的议论。孟子劝说宋国大夫戴盈之实行“什一”税法，免除关卡和市场的赋税。戴盈之表面上答应了，但他却寻找借口想拖延到明年。这其实就是对孟子建议的一种敷衍。为此，孟子讲了“宋人攘鸡”的寓言故事来批评那些包庇错误、拖延错误、不及时改正错误的态度。

原文

戴盈之①曰：“什一②，去关市之征③，今兹④未能，请轻之⑤，以待来年，然后已⑥，何如？”

孟子曰：“今有人日攘其邻之鸡⑦者，或告之⑧曰：‘是非君子之道。’曰：‘请损之⑨，月攘一鸡，以待来年，然后已。’如知其非义，斯速已矣⑩，何待来年？”

译文

戴盈之说：“税率十分抽一，免除关卡和市场的赋税，今年还办不到，预备先减轻一些，等到明年，再全面实行，怎么样？”

孟子说：“现在有一个人每天偷邻人一只鸡，有人告诉他说：‘这不是正派人的行为。’他便说：‘预备减少一些，先每一个月偷一只，等到明年，再完全不偷。’如果晓得这种行为不合道理，便应赶快停止，为什么要等到明年呢？”

---

①戴盈之：宋国大夫。

②什一：古代田赋法，即征收农产品十分之一的税。

③去关市之征：解除关卡和市场的赋税。去，免除。关市，关卡和市场。征，赋税。

④今兹：今年。

⑤轻之：使田赋和关市之征减轻些。轻，作动词，使……减轻。之，指上文的“什一”和“关市之征”。

⑥以待来年，然后已：等到明年再完全废除。来年，明年。已，停止，指完全废除。

⑦日攘其邻之鸡：每天偷邻居一只鸡。这是假设之辞。

⑧或告之：有人告诉他。或，有人。之，指“日攘其邻之鸡”者。

⑨请损之：请允许我减少（偷鸡的次数）。损，减损。

⑩斯速已矣：就（应该）马上停止。斯，就，则。速，立即，马上。已，停止。

外人皆称夫子好辩

读《孟子》，我们能够很明显地感受到孟子高超的论辩技巧。在当时，孟子就给人留下了“好辩”的印象。这一章孟子论述了自己为什么“好辩”。关于“好辩”的问题，孟子认为，首先，乱世需要治理，他举了三个历史事例：尧之时洪水泛滥中国，大禹治水以安民；暴君代作之时，殷纣率兽食人，周公相武王以逐纣；邪说暴行又作之时，孔子惧而作《春秋》。其次，孟子之时，“圣王不作，诸侯放恣，处士横议，杨朱、墨翟之言盈天下”，而“邪说诬民，充塞仁义”，就会产生“率兽食人，人将相食”的后果。为此，孟子结合历史上的三位贤者的行为，认为自己就应该承担起“闲先圣之道，距杨墨，放淫辞，邪说者不得作”的重任。这是孟子的一种大担当。他认为自己作为圣人之徒，就应该学习禹、周公、孔子的担当精神，勇挑重担，去“正人心，息邪说，距诐行，放淫辞，以承三圣”的功业。这才是“外人皆称夫子好辩”的原因。

原文

公都子[①]曰：“外人皆称夫子好辩，敢问何也？”

孟子曰：“予岂好辩哉？予不得已也！天下之生久

矣，一治一乱。当尧之时，水逆行，泛滥于中国[2]，蛇龙居之，民无所定；下者为巢，上者为营窟[3]。《书》曰：‘洚水警余[4]。’洚水者，洪水也。使禹治之。禹掘地而注之海，驱蛇龙而放之菹[5]。水由地中[6]行，江、淮、河、汉是也。险阻既远，鸟兽之害人者消，然后人得平土而居之。

“尧舜既没，圣人之道衰，暴君代作[7]，坏宫室[8]以为污池，民无所安息；弃田以为园囿，使民不得衣食。邪说暴行又作，园囿、污池、沛泽[9]多而禽兽至。及纣之身，天下又大乱。周公相武王诛纣、伐奄[10]，三年讨其君，驱飞廉[11]于海隅而戮之，灭国者五十，驱虎、豹、犀、象而远之，天下大悦。《书》曰[12]：‘丕显哉，文王谟[13]！丕承哉，武王烈！佑启[14]我后人，咸[15]以正无缺。’

“世衰道微，邪说暴行有作，臣弑其君者有之，子弑其父者有之。孔子惧，作《春秋》[16]。《春秋》，天子之事[17]也。是故孔子曰：‘知我者，其惟《春秋》乎！罪我者，其惟《春秋》乎！’

“圣王不作，诸侯放恣[18]，处士[19]横议，杨朱、墨翟[20]之言盈天下。天下之言，不归杨，则归墨。杨氏为我，是无君[21]也；墨氏兼爱[22]，是无父也。无父无君，是禽兽也。公明仪曰：‘庖有肥肉，厩有肥马，民有饥色，野有饿莩，此率兽而食人也。’杨墨之道不息，孔子之道不著，是邪说诬民、充塞仁义[23]也。仁义充塞，则率兽食人，人将相食。吾为此惧，闲[24]先圣之道，距杨墨，放[25]淫辞，邪说者不得作。作于其心，害于其事；作于其事，害于其政。圣人复起，不易吾言矣。

“昔者禹抑洪水而天下平，周公兼夷狄、驱猛兽而百姓宁，孔子成《春秋》而乱臣贼子惧。《诗》云[26]：‘戎狄是膺，荆舒是惩，则莫我敢承[27]。’无父无君，是周公所膺也。我亦欲正人心，息邪说，距诐行[28]，放淫辞，以承三圣[29]者。岂好辩哉？予不得已也。能言距杨墨者，圣人之徒也。”

译文

公都子说：“别人都说您喜好辩论，请问是为什么呢？”

孟子说：“我难道喜好辩论吗？我是不得已啊！人类社会产生很久了，时而太平，时而动乱。在尧的时候，洪水横流，在中原泛滥，龙蛇在大地上居住，民众无处安身；低处的人在树上筑巢，高处的人便打相连的洞穴。《尚书》上说：‘洚水让我们警戒。’洚水就是洪水。于是派禹去治理。禹掘地引水注入大海，把龙蛇驱赶到沼泽地，水沿着地上的河道流动，这就是长江、淮河、黄河、汉水。水患既已解除，鸟兽不再危害人们，这之后，百姓们才得以在平原上居住。

“尧、舜去世以后，圣人之道逐渐衰微，暴君接连出现，毁坏了居室来修建池沼，使民众无处安息；废弃了农田来修建园林，使民众不能得到衣服和食物。邪说、暴行随之兴起，园林、池沼、草泽增多并招来了禽兽。到了商纣时，天下又大乱了。周公辅佐武王诛杀商纣王，讨伐奄地，三年之后又把奄君杀掉了，把飞廉追逐到海边处死，灭掉的国家有五十个，将虎、豹、犀、象驱赶得远远的，天下的民众都非常喜悦。《尚书》上说：‘文王的谋略，多英明伟大啊！武王的功业多么伟大！帮助、启发我们后人，使大家都正确而没有缺点。’

“周室衰微，正道荒废，邪说、暴行随之兴起，臣属杀害自己君主的事出现了，儿子杀害自己父亲的事出现了。孔子为之忧虑，写作了《春秋》。《春秋》所记述的是天子的事。因此孔子说：‘将使世人了解我的恐怕只有《春秋》了，将使世人责怪我的恐怕只有《春秋》了！’

“圣王不出现，诸侯肆无忌惮，在野人士横加议论，杨朱、墨翟的言论充斥天下。世上的言论不属于杨朱一派，便属于墨翟一派。杨派主张“为我”，这是目无君王；墨派主张“兼爱”，这是目无父母。不把父母和君王放在眼里，这和禽兽有什么两样。公明仪说：‘厨房里有肥肉，马厩里有肥马，而民众却面带饥色，野外有饿死的人，这是居上位的人带领野兽去吃人啊。’杨墨的学说不破除，孔子的学说不发扬，就是用邪说来欺罔民众、遏止仁义。仁义被遏止就是居上位的人带领野兽去吃人，人们将会相互残杀。我为此感到忧虑，所以捍卫先圣的准则，抵制杨墨的学说，批驳错误的言论，这样主张邪说的人就无法兴起。邪说兴起在人们的心中，会危害他们所做的事情；兴起在所做的事情里，会危害他们所施行的政务。即使圣人再度兴起，也不会改变我的说法。

“过去禹制伏了洪水使天下太平，周公兼并夷狄、驱赶猛兽使百姓安定，孔子写作《春秋》使作乱的臣属、不孝的儿子害怕。《诗经》中说：‘痛击戎狄，遏止荆舒，无人敢于抗拒我。’目无父母、君王，是周公所要痛击的。我也想去端正人心，破除邪说，抵制偏颇的行为，批驳错误的言论，来继承三位圣人的事业。我难道喜好辩论吗？我是不得已啊！敢于抵制杨墨学说的人，就是圣人的门徒。”

---

①公都子：孟子的弟子。

②中国：中原。

③营窟：相连为窟穴。

④“《书》曰”以下一句：赵岐注云：“《尚书》，逸篇也。”

⑤菹（zū）：多水草的沼泽地。

⑥地中：朱熹《孟子集注》云：“两涯之间也。”

⑦代作：代有所出，言频繁。作，在此是兴起的意思。

⑧宫室：此指民居。

⑨沛泽：朱熹《孟子集注》云：“沛，草木之所生也；泽，水所钟也。”

⑩奄：商朝古地名，在今山东曲阜东。

⑪飞廉：亦作“蜚廉”，殷纣王的佞臣。

⑫“《书》曰”以下六句：赵岐注云：“《尚书》，逸篇也。”

⑬谟：谋。

⑭佑启：朱熹《孟子集注》云：“佑，助也；启，开也。”

⑮咸：都，皆。

⑯《春秋》：记载春秋史事的编年体史书，记事始于鲁隐公元年（公元前722年），终于鲁哀公十四年（公元前481年）。过去一般认为此书经过孔子的编修，书中用词含有褒贬之意，号为“春秋笔法”。

⑰天子之事：《春秋》尊王，故谓该书所记为“天子之事”。

⑱恣：《说文》云：“纵也。”

⑲处士：《汉书·异姓诸侯王表》颜师古注云：“处士谓不官于朝而居家者也。”

⑳杨朱：魏国人，战国初年著名思想家。相传他反对儒、墨家学说，主张

“贵生”“重己”，他没有著作传世，关于他的史料，除本书外，还散见于《庄子》《韩非子》《吕氏春秋》等书。墨翟：春秋战国之际著名思想家，墨家学说创始人，该学派有《墨子》一书传世。

㉑无君：朱熹《孟子集注》云：“杨朱但知爱身，而不复知有致身之义，故无君。”

㉒兼爱：墨家的基本观点之一，认为应该不加区别地爱一切人。朱熹《孟子集注》云：“墨子爱无差等，而视其至亲无异众人，故无父。”

㉓充塞仁义：朱熹《孟子集注》云：“谓邪说遍满，妨于仁义也。”

㉔闲：《说文》云：“闲，阑也。从门，中有木。”引申转义为捍卫。

㉕放：贬斥，驳斥。

㉖“《诗》云”以下三句：诗引自《诗经·鲁颂·閟宫》。

㉗承：朱熹注“承”为“当”，即抵御的意思。

㉘诐（bì）行：偏邪、不正当的行为。

㉙三圣：即上文所提到的禹、周公、孔子。

陈仲子岂不诚廉士哉

本章说明了孟子对“廉士”的认识。齐国有一位居住在於陵的隐士叫作陈仲子，他以不居不义之室、不食不义之禄为标榜，获得了国人和匡章的称赞。孟子则对这种消极的隐士给予了批判。孟子认为真正的归隐是不能够做到的，除非把自己变成蚯蚓之后才能做到。生活要住房，生存要饮食。食住是不能自给自足的，食住是社会性的行为，一个人怎么可以脱离社会而存在呢？况且像陈仲子这样的人，认为兄长的俸禄不义而不接受，认为兄长的房屋不义而不居住，躲开兄长，离开父母，居住于偏僻的地方，这对于君子的德行操守有益吗？没有。人是社会的产物，不能脱离社会而存在，在这点上孟子的观点是正确的。孟子的思想是服务社会的思想，所以孟子对避世思想持一种批判的态度。

原文

匡章①曰：“陈仲子②岂不诚廉士哉？居於陵③，三日不食，耳无闻，目无见也。井上有李，螬④食实者过半矣，匍匐往，将⑤食之，三咽，然后耳有闻，目有见。”

孟子曰：“于齐国之士，吾必以仲子为巨擘⑥焉。虽然，仲子恶能廉？充仲子之操，则蚓而后可者也。夫蚓，上食槁壤，下饮黄泉。仲子所居之室，伯夷之所筑与？抑亦盗跖[7]之所筑与？所食之粟，伯夷之所树与？抑亦盗跖之所树与？是未可知也。”

曰：“是何伤哉？彼身织屦，妻辟纑[8]，以易之也。”

曰：“仲子，齐之世家也。兄戴，盖[9]禄万钟。以兄之禄为不义之禄而不食也，以兄之室为不义之室而不居也。辟兄离母，处于於陵。他日归，则有馈其兄生鹅者，己频颇[10]曰：‘恶用是鶃鶃[11]者为哉？’他日，其母杀是鹅也，与之食之。其兄自外至，曰：‘是鶃鶃之肉也。’出而哇[12]之。以母则不食，以妻则食之；以兄之室则弗居，以於陵则居之，是尚为能充其类也乎？若仲子者，蚓而后充其操者也。”

译文

匡章说：“陈仲子难道不是一个真正廉洁的人吗？住在於陵这个地方，三天没有吃东西，耳朵没有了听觉，眼睛没有了视觉。井台上有个李子，金龟子已经吃掉了一大半，他爬过去，拿过来吃，吞了三口，耳朵才恢复了听觉，眼睛才恢复了视觉。”

孟子说：“在齐国的读书人中间，我一定把仲子看成是杰出的人。但是，他怎么能叫作廉洁？要推广仲子的所作所为，那只有把人变成蚯蚓之后才能办到。蚯蚓，在地面上便吃干土，在地面下便喝泉水。仲子所住的房屋，是像伯夷那样廉洁的人所建筑的呢？还是像盗跖那样的人所建筑的呢？他所吃的粮食，是像伯夷那样廉洁的人所种植的呢？还是像盗跖那样的人所种植的呢？这个还无法知道。”

匡章说：“那有什么关系呢？是他亲自编草鞋，妻子绩麻练麻，用以交换来的。”

孟子说：“仲子是齐国的宗族大家，享有世代相传的禄田。他的哥哥陈戴从盖邑收入的俸禄便有几万石之多。他却认为他哥哥的俸禄是不义之物而不去用，认为他哥哥的住房是不义之产而不去住。避开哥哥，离开母亲，住在於陵这个地方。有一天他回到家里去，正好看到有人送给他哥哥一只鹅，他皱着眉头说：‘要这种呱呱叫的东西做什么呢？’过了些时候，他母亲把那只鹅杀了给他吃。他的哥哥恰好从外面回来，看见后便说：‘你吃的正是那呱呱叫的东西的肉啊。’他连忙跑出门去，呕了出来。母亲的食物不吃，却吃妻子的；哥哥的房屋不住，却住在於陵，这能够算是推广廉洁之义到了顶点吗？像他那样做，如果要推广到顶点，只有把人变成蚯蚓之后才能够办到。”

---

①匡章：齐国名将。

②陈仲子：齐国人。

③於（wū）陵：地名，在今山东邹平东南。

④螬：金龟子的幼虫。

⑤将：拿，取。

⑥巨擘（bò）：大拇指，引申为在某一方面杰出的人物。

⑦盗跖（zhí）：春秋时有名的大盗，柳下惠的兄弟。

⑧辟纑（lú）：绩麻，把麻搓捻成线或绳曰辟；练麻，漂洗生麻使柔软白净曰纑。

⑨盖（gě）：地名，是陈戴的封邑。

⑩频颇（cù）：同“颦蹙”，不愉快的样子。

⑪鶂鶂（yì）：鹅叫声。

⑫哇：呕吐。

离娄之明

本章是孟子对当政者实施仁政的鼓吹和呐喊。孟子认为施行仁政可以从两个方面入手：一是“法先王”，二是“选贤才”。“法先王”的思想，其实是对孔子“祖述尧舜，宪章文武”思想的继承。孟子认为像尧舜一样的先王能够平治天下，根本原因是施行仁政。后世的君主效法先王之道才是明智的选择。在这里孟子提出了一个著名的理论，即“不以规矩，不能成方圆”。这句话成为后世人们生活中常用的格言警句。选贤才，是因为“惟仁者宜在高位”。一旦不仁者窃据了高位，则势必是非颠倒，黑白混淆，天下大乱，如此谈何仁政？

原文

孟子曰：“离娄[①]之明，公输子[②]之巧，不以规矩，不能成方员[③]。师旷[④]之聪，不以六律[⑤]，不能正五音[⑥]；尧舜之道，不以仁政，不能平治天下。今有仁心仁闻[⑦]，而民不被其泽，不可法于后世者，不行先王之道也。故曰：徒善，不足以为政；徒法，不能以自行。《诗》云：‘不愆不忘，率由旧章[⑧]。’遵先王之法而过者，未之有也。圣人既竭目力焉，继之以规矩准绳，以为方员平直，不可胜用也；既竭耳力焉，继之以六律正五音，不可胜用也；既竭心思焉，继之以不忍人之政，而仁覆天下矣。故曰：为高必因丘陵，为下必因川泽；为政不因先王之道，可谓智乎？是以惟仁者宜在高位。不仁而在高位，是播其恶于众也。

“上无道揆⑨也，下无法守也，朝不信道，工不信度，君子犯义，小人犯刑，国之所存者，幸也。故曰：城郭不完，兵甲不多，非国之灾也；田野不辟，货财不聚，非国之害也。上无礼，下无学，贼民兴，丧无日矣。

“《诗》曰：‘天之方蹶，无然泄泄⑩！’泄泄，犹沓沓也。事君无义，进退无礼，言则非⑪先王之道者，犹沓沓也。故曰：责难于君谓之恭，陈善闭邪谓之敬，吾君不能谓之贼。”

译文

孟子说：“即使有离娄那样好的视力，公输般那样好的技巧，如果不用圆规和曲尺，也不能准确地画出方形和圆形；即使有师旷那样好的审音力，如果不用六律，也不能校正五音；即使有尧舜的学说，如果不实施仁政，也不能治理好天下。现在有些诸侯，虽然有仁爱的心和仁爱的名声，但老百姓却受不到他的恩泽，他的政治也不能成为后代的模范，这是他没有实施前代圣王仁政的缘故。所以说：只有好心，不足以治理好天下；只有好办法，不能够自己实行起来。《诗经》中说：‘不要有过失啊不要遗忘，一切遵循原来的规章。’遵循前代圣王的法度而犯错误的，是从来没有过的。圣人既用尽了目力，又用圆规、曲尺、水准器、绳墨等来制作方的、圆的、平的、直的东西，那些东西便用之不尽了；圣人既用尽了耳力，又用六律来校正五音，各种音阶也就运用无穷了；圣人既用尽了脑力，又施行仁政，他的仁爱之德便覆盖于天下了。所以说：筑高台一定要凭借山陵，挖深池一定要凭借河泽；如果执政不凭借前代圣王的办法，能够说是明智的吗？所以，只有仁慈的人才应该居于统治地位。如果不仁慈的人占据了统治地位，就会把他的恶行败德传播给老百姓。

“在上的人没有道德规范，在下的人没有法规制度，朝廷不信道义，工匠不信尺度，官吏触犯义理，百姓触犯刑律，如此下去，国家还能存在就真是太侥幸了。所以说：城墙不坚固，军备不充足，这不是国家的灾难；田野没开辟，物资不积聚，这不是国家的祸害。如果在上位的人没有礼数，在下位的人没有学识，违法乱纪的人越来越多，那国家灭亡的日子也就快到了。

“《诗经》中说：‘上天正在降骚乱，不要多嘴又多言。’多嘴多言就是拖沓啰唆。侍奉君主不讲忠义，行为进退不讲礼仪，说话便诋毁前代圣王之道，这就是拖沓啰唆。所以说：用高标准来要求君王就叫作‘恭’，向君王出好主意而堵塞坏主意就叫作‘敬’，认为君王不能行仁政就叫作‘贼’。”

---

①离娄：相传为黄帝时人，目力极强，能于百步之外望见秋毫之末。

②公输子：即公输般，鲁国人，所以又叫鲁班，古代著名的巧匠。

③员：通“圆”，圆形。

④师旷：春秋时晋国的乐师，古代极有名的音乐家。

⑤六律：中国古代将音律分为阴律、阳律两部分，各有六种音，六律即阳律的六音，分别是太簇、姑洗、蕤宾、夷则、无射、黄钟。

⑥五音：中国古代音阶名称，即宫、商、角、徵、羽。

⑦闻（wèn）：名声。

⑧不愆不忘，率由旧章：引自《诗经·大雅·假乐》。愆（qiān），过失。忘，遗漏。率由，遵循。

⑨揆：度量。

⑩天之方蹶，无然泄泄：引自《诗经·大雅·板》。蹶，动，颠覆。泄泄，多言，话多。

⑪非：诋毁。

规矩方员之至也

本章中孟子接着发表自己的规矩论。孟子的规矩论是其圣人论的基础，圣人论表达的其实也是“法先王”的思想。“法先王”的一个重要内容是学习圣人的人伦之道，就是君臣之礼。在这点上孔孟思想是一致的。孔子的“君君臣臣，父父子子”讲的是君臣、父子之间都要尽到自己的责任和义务。孟子的“欲为君，尽君道；欲为臣，尽臣道”的思想也是讲君臣、父子之间要尽自己的责任和义务。

原文

孟子曰：“规矩，方员之至[①]也；圣人，人伦之至也。欲为君，尽君道；欲为臣，尽臣道。二者皆法尧舜而已矣。不以舜之所以事尧事君，不敬其君者也；不以尧之所以治民治民，贼其民者也。

“孔子曰：‘道二，仁与不仁而已矣。’暴其民甚，则身弑国亡；不甚，则身危国削[②]，名之曰‘幽’‘厉’[③]，虽孝子慈孙，百世不能改也。《诗》云：‘殷鉴不远，在夏后之世[④]。’此之谓也。”

译文

孟子说："圆规、曲尺，是方和圆的最高标准；圣人，是做人的最高典范。想成为君主，就要尽君主之道；想成为臣子，就要尽臣子之道。这二者都效法尧、舜就行了。不以舜侍奉尧的态度来侍奉君主，就是不敬重他的君主；不用尧治理百姓的方法来治理天下，就是残害他的百姓。

"孔子说：'道有两种，仁和不仁罢了。'对百姓太残暴，就会自身被杀、国家灭亡；即便不太厉害，也会自身危险、国家削弱，死后被加上'幽''厉'这类恶谥，即使他有孝顺的子孙，一百代也无法更改了。《诗经》上说：'殷朝的借鉴不远，就在前代的夏朝。'说的就是这个意思。"

---

①至：准则。

②削：削弱。

③"幽""厉"：谥号。《逸周书·谥法解》说："动祭乱常曰幽。杀戮无辜曰厉。"

④殷鉴不远，在夏后之世：这两句出自《诗经·大雅·荡》。鉴，借鉴。

不仁者可与言哉

本章中，孟子论述了祸福自取的观点。对于“不仁者可与言哉”的问题，孟子认为对不仁者是不能同他商议的。不仁者见危不救，从别人的灾难中牟利，以荒淫暴虐为乐，最终导致国亡家败，这都是咎由自取。孟子为了说明祸福自取的道理，用了《沧浪歌》来分析。沧浪之水濯缨还是濯足，全在沧浪之水的清与浊。他以此推出无论是人、家，还是国家的败亡都是自己招来的；并且认为自取祸端是违背天道的结果，是人所无法逃避的。尤其是“夫人必自侮，然后人侮之”成为千古名言，后世以此自戒。

原文

孟子曰：“不仁者可与言哉？安其危而利其菑①，乐其所以亡者。不仁而可与言，则何亡国败家之有？有孺子歌曰：‘沧浪②之水清兮，可以濯③我缨④；沧浪之水浊兮，可以濯我足。’孔子曰：‘小子听之！清斯濯缨，浊斯濯足矣，自取之也。’夫人必自侮，然后人侮之；家必自毁，而后人毁之；国必自伐，而后人伐之。《太甲》⑤曰：‘天作孽，犹可违；自作孽，不可活。’此之谓也。”

译文

孟子说："不仁的人难道可以和他商议吗？他们对别人的危险心安理得，从别人的灾难中牟利，把导致家破国亡的事当作乐趣。不仁的人如果可以和他商议，那怎么会有国亡家破的事发生呢？从前有个小孩子唱道：'沧浪的水清呀，可以洗我的帽缨；沧浪的水浊呀，可以洗我的双脚。'孔子听了说：'弟子们听好了啊！水清就用来洗帽缨，水浊就用来洗双脚，这都是由水本身决定的。'所以，一个人总是先有自取其辱的行为，别人才侮辱他；一个家庭总是先有自取毁坏的因素，别人才毁坏它；一个国家总是先有自取讨伐的原因，别人才讨伐它。《尚书·太甲》中说：'上天降下的灾害还可以逃避；自己造成的罪孽，可就无处可逃了。'说的就是这个意思。"

---

①菑：通"灾"，灾难。

②沧浪：古水名。

③濯（zhuó）：洗。

④缨：系帽子的丝带。

⑤《太甲》：《尚书》篇名。

桀纣之失天下

本章是孟子民本思想的重要体现。本章中，孟子提出了很多重要思想，如“得民心者得天下”。孟子认为，桀纣灭亡在于失去百姓的支持，失去民心。要想获得天下，只有“得民”“得民心”。而获得民心的方法是遵从人民的好恶。人民希望的替他们聚集起来，人民厌恶的不要压在他们头上。这就是仁政的做法。同时，孟子把民心向往仁政比作水之就下。不实行仁政的诸侯对百姓的欺压就像把百姓驱赶到实行仁政的诸侯那里一样。所以只有实行仁政，也就是积蓄仁义的人才能得天下。如果积蓄仁义的意志不坚定，就会受到人民的反对而导致灭亡。在这里，孟子的“得民心者得天下”作为仁政的一种理论阐释，我们认为是正确的，这也是宝贵的历史经验总结。

原文

孟子曰：“桀纣之失天下也，失其民也；失其民者，失其心也。得天下有道：得其民，斯得天下矣；得其民有道：得其心，斯得民矣；得其心有道：所欲与之聚之，所恶勿施，尔也[①]。民之归仁也，犹水之就下、兽之走圹[②]也。故为渊驱鱼者，獭也；为丛驱爵[③]者，鹯[④]也；为汤武驱民者，桀与纣也。今天下之君有好仁者，则诸侯皆为之驱矣。虽欲无王，不可得已。今之欲王者，犹七年之病，求三年之艾[⑤]也。苟为不畜，终身不得。苟不志于仁，终身忧辱，以陷于死亡。《诗》云：'其何能淑，载胥及溺[⑥]。'此之谓也。"

译文

孟子说："桀和纣失去了天下，是因为失去了百姓的支持；失去百姓的支持，是由于失去了民心。得天下有办法：得到百姓的支持，就能得到天下了；得人民有办法：赢得民心，就能得到百姓的支持了；得民心有办法：他们想要的，就积聚起来给他们，他们厌恶的，不强加给他们，如此罢了。百姓对仁政的支持，如同水往低处流、野兽奔向旷野一样。所以，替深池把鱼赶来的，是水獭；替丛林赶来鸟雀的，是鹞鹰；替汤王、武王赶来百姓的，是夏桀和殷纣。如果现在天下的国君有爱好仁德的，那么诸侯们就会替他把人民赶来。哪怕他不想称王于天下，也不可能了。现在想称王于天下的人，好比害了七年的病要找存放多年的艾草来治。如果平时不积存，那就终身得不到。如果不立志在仁上，必将终身罹忧受辱，以至于死亡。《诗经》上说：'他们怎么能相处得好，只会相互牵扯着溺水。'说的就是这个意思。"

①尔也：如此罢了。

②圹：旷野。

③爵：通“雀”。

④鹯（zhān）：一种像鹞鹰的猛禽。

⑤艾：即艾草，常用于灸病，存放时间越久，疗效越好。

⑥其何能淑，载胥及溺：引自《诗经·大雅·桑柔》。淑，善，好。载，句首语助词，无义。胥，相。及，与。溺，落水。

求也为季氏宰

本章体现了孟子的非战思想。孟子主张实行仁政，靠仁政的实施和民心的向背来统一天下。对使用战争的手段来进行侵略与掠夺的行为，孟子持强烈的批判态度。文中孟子形象地揭示了战争的残酷性，“争地以战，杀人盈野；争城以战，杀人盈城”。孟子常说“春秋无义战”，其实他生活的战国时代也“无义战”。在孟子看来，这就是“率土地而食人肉”，是应该被处死的。孟子举了“冉求为季康子家臣”的作为受到孔子反对的故事，来说明君子所为应该增长君主的德行，增加人民的实惠，消除国家的战争。反之，都是被儒家所唾弃的。

原文

孟子曰：“求①也为季氏宰，无能改于其德，而赋粟倍他日。孔子曰：‘求非我徒②也，小子鸣鼓而攻之可也。’由此观之，君不行仁政而富③之，皆弃于孔子者也，况于为之强战？争地以战，杀人盈④野；争城以战，杀人盈城，此所谓率土地而食人肉，罪不容于死。故善战者服⑤上刑，连诸侯者次之，辟草莱⑥、任土地者次之。”

译文

孟子说：“冉求做季康子的家臣，不能改变季氏的德行，征收田赋反而比过去增加一倍。孔子说：‘冉求不是我的学生，弟子们，你们可以擂起鼓来声讨他。’由此看来，不帮助君主实行仁政，反而去帮他聚敛财富的人，都是被孔子所鄙弃的，更何况为他卖命打仗的人呢？为争夺土地而战，杀死的人遍野；为争夺一座城池而打仗，杀死的人满城，这就是所谓领着土地来吃人肉，罪恶之大，将他处死都是不够的。所以，善于打仗的人该受最重的刑罚，唆使诸侯拉帮结伙打仗的人，该受次一等的刑罚，强令百姓垦荒耕种的人该受再次一等的刑罚。”

①求：冉求，孔子的弟子。

②徒：徒弟，弟子。

③富：作动词用。

④盈：满。

⑤服：应罚。

⑥莱：杂草。

君之视臣如手足

本章中，孟子明确地阐释了自己的君臣观。长期以来，儒家思想都在强调“君君臣臣，父父子子”的伦理关系。但春秋战国时代，篡权弑君的事情经常发生，为此孟子提出了新的君臣观。孟子认为君臣之间不仅有礼存在，还要相互尊重，并提出“君之视臣如手足，则臣视君如腹心；君之视臣如犬马，则臣视君如国人；君之视臣如土芥，则臣视君如寇仇”的观点。孟子连用三个排比句，把君臣关系中的三种情况一一阐释清楚。这是封建社会中一种非常进步的君臣观，直到今天还被广泛引用。

原文

孟子告齐宣王曰：“君之视①臣如手足，则臣视君如腹心；君之视臣如犬马，则臣视君如国人；君之视臣如土芥②，则臣视君如寇③仇。”

王曰：“礼，为旧君有服④，何如斯可为服矣？”

曰：“谏行言听，膏泽下于民；有故而去，则君使人导之出疆，又先于其所往；去三年不反，然后收其田里。此之谓三有礼焉。如此，则为之服矣。今也为臣，谏则不行，言则不听，膏泽不下于民；有故而去，则君搏执之，又极[⑤]之于其所往；去之日，遂收其田里。此之谓寇仇。寇仇，何服之有？”

译文

孟子告诉齐宣王说：“君主把臣下当手足，臣下就会把君主当腹心；君主把臣下当犬马，臣下就会把君主当一般不相干的人；君主把臣下当泥土草芥，臣下就会把君主当仇敌。”

齐宣王说：“礼制规定，已经离职的臣下也应为过去侍奉的君主服一定的孝服，君主要怎样做才能使他们为他服孝呢？”

孟子说：“臣下的劝谏君主接受，臣下的建议君主听从，政治上的恩惠下达到老百姓；臣下有什么原因不得不离去，君主打发人送他出国境，并派人先到臣下要去的地方作一番安排布置；离开了三年还不回来，才收回他的土地和房屋。这就叫作三有礼。这样做了，臣下就会为他服孝。如今做臣下的，劝谏君王不接受，建议君王不听从，政治上的恩惠到不了老百姓身上；臣下有什么原因不得不离去，君主就把他捆绑起来，派人到他去的地方刁难他；离开的当天就收回他的土地和房屋。这种情况叫作仇敌。君臣之间像仇敌一样，还有什么孝可服呢？”

---

①视：对待。

②土芥：比喻不值得爱惜，可以任意践踏的东西。芥，小草。

③寇：强盗。

④为旧君有服：指离职的臣子为原先侍奉的君主服孝。

⑤极：穷困，这里是使动用法，意思是使其处境极端困难。

仲尼亟称于水

本章中，孟子谈了自己对水的认识。先秦诸子几乎都发表了自己对水的赞美：老子以为上善若水，孔子以为流水如岁月流逝。面对徐子的提问，孟子对于水给出了一个全新的解释。他一方面阐述孔子之意，讲水的特性；另一方面用水比拟人的道德品质，强调务本求实，反对一个人的名誉声望与自己的实际情况不符。他要求大家像水一样，有永不枯竭的安身立命之本，不断进取，自强不息。这简直就是一首水的赞美诗啊，生动而深刻。

原文

徐子①曰："仲尼亟②称于水，曰：'水哉，水哉！'何取于水也？"

孟子曰："原泉③混混④，不舍昼夜，盈科⑤而后进，放乎四海。有本者如是，是之取尔⑥。苟为无本，七八月之间雨集，沟浍⑦皆盈；其涸也，可立而待也。故声闻⑧过情，君子耻之。"

译文

徐子说："孔子曾多次赞叹水，说：'水啊！水啊！'他到底觉得水有什么可取之处呢？"

孟子说："水从源泉里滚滚涌出，日夜不停地流着，把沟坎填满，然后又继续向前，一直流向大海。有本源的便像这样，孔子看中的就是这一点罢了。试想，如果水没有这种永不枯竭的本源，一到七八月间，雨水充沛，大小沟渠都满了；但是它们干涸的日子也不会远了。所以，声望名誉超过了实际情形，君子就会感到羞耻。"

---

①徐子：孟子的学生徐辟。

②亟（qì）：屡次。

③原泉：从地下冒出的有本源的水。原，同"源"。

④混混：水势浩大的样子。

⑤科：坎，即洼地。

⑥是之取尔："取是尔"的倒装句，意思是取这个罢了。

⑦浍：田间水沟。

⑧声闻：名声，名誉。

逢蒙学射于羿

本章体现了孟子提倡的在教育上应该遵循“取友必端”的原则。逢蒙向后羿学射，最后射死老师的历史传说流传已久。孟子认为逢蒙固然不对，但后羿作为老师也有不对的地方。

孟子举了郑人子濯孺子攻打卫国，却没有成功，庾公之斯念在他是自己师爷的分上放了子濯孺子的例子，说明作为老师在选择徒弟的时候应该像尹公之他一样遵循“取友必端”的原则。子濯孺子选择尹公之他、尹公之他选择庾公之斯凭借的都是“端”，也就是德行。后羿没有遵循以德选徒弟的标准，才导致了被杀的结局。这就是孟子的授徒观念，也是其以德服人的体现。

原文

逢蒙①学射于羿，尽羿②之道，思天下惟羿为愈己③，于是杀羿。孟子曰：“是亦羿有罪焉。”

公明仪曰：“宜若④无罪焉。”

曰：“薄乎云尔，恶得无罪？郑人使子濯孺子侵卫，卫使庾公之斯追之。子濯孺子曰：‘今日我疾作，不可以执弓，吾死矣夫！’问其仆曰：‘追我者谁也？’

其仆曰：'庾公之斯也。'曰：'吾生矣。'其仆曰：'庾公之斯，卫之善射者也，夫子曰吾生，何谓也？'曰：'庾公之斯学射于尹公之他，尹公之他学射于我。夫尹公之他，端人也，其取友必端矣。'庾公之斯至，曰：'夫子何为不执弓？'曰：'今日我疾作，不可以执弓。'曰：'小人学射于尹公之他，尹公之他学射于夫子。我不忍以夫子之道反害夫子。虽然，今日之事，君事也，我不敢废。'抽矢叩轮，去其金，发乘矢⑤而后反。"

译文

逢蒙跟羿学射箭，学得了羿的技巧后，他便想，天下只有羿的箭术比自己强了，于是便杀死了羿。孟子说："这事也有羿自己的过错。"

公明仪说："羿好像没有什么过错吧。"

孟子说："过错不大罢了，怎么能说没有呢？从前郑国派子濯孺子攻打卫国，卫国派庾公之斯追击他。子濯孺子说：'今天我的病发作了，不能够拿弓，我死定了！'又问给他驾车的人说：'追我的人是谁呀？'驾车的人答道：'是庾公之斯。'子濯孺子便说：'那我不会死了。'给他驾车的人说：'庾公之斯是卫国优秀的射手，先生反而说不会死了，这是为什么呢？'子濯孺子说：'庾公之斯是向尹公之他学的射箭，尹公之他是向我学的射箭。尹公之他是个正直的人，他所选择的朋友也一定正直。'庾公之斯追上来了，问：'先生为什么不拿弓呢？'子濯孺子说：'今天我疾病发作，不能够拿弓。'庾公之斯说：'我跟尹公之他学射箭，尹公之他又跟您学射箭。

我不忍心用您的箭术反过来害您。不过，今天这事是君王的命令，我不敢不做。’于是抽出箭，在车轮上敲打了几下，把箭头敲掉，发了四箭然后就回去了。”

---

①逄（páng）蒙：羿的学生和家臣，后来叛变，帮助寒浞杀了羿。

②羿：又称后羿，夏代诸侯，有穷国之君。

③愈己：胜过自己。

④宜若：好像。

⑤乘（shèng）矢：四支箭。

君子所以异于人者

本章指出“存心”是君子和常人的区别，并指出君子无忧。孟子认为，把仁和礼放在心上的人是君子，并且君子懂得爱别人和敬别人。其中，“仁者爱人，有礼者敬人。爱人者，人恒爱之；敬人者，人恒敬之”更是成为孟子经典的论断。

孟子认为，君子应该不断地通过自我反省的方式来修炼自我。君子有忧无患，君子所忧可以通过向舜来学习消除，可以通过“非仁无为也，非礼无行也”来提高自己。这可以说是孟子提出的君子修行的方法。

原文

孟子曰：“君子所以异于人者，以其存心也。君子以仁存心，以礼存心。仁者爱人，有礼者敬人。爱人者，人恒爱之；敬人者，人恒敬之。有人于此，其待我以横逆[①]，则君子必自反也：‘我必不仁也，必无礼也，此物[②]奚宜至哉？’其自反而仁矣，自反而有礼矣，其横逆由[③]是也，君子必自反也：‘我必不忠。’自反而忠矣，其横逆由是也，君子曰：‘此亦妄人也已

矣。如此，则与禽兽奚择④哉？于禽兽又何难⑤焉？’

“是故君子有终身之忧，无一朝之患也。乃若所忧则有之：舜，人也；我，亦人也。舜为法⑥于天下，可传于后世，我由未免为乡人⑦也，是则可忧也。忧之如何？如舜而已矣。若夫君子所患则亡⑧矣。非仁无为也，非礼无行也。如有一朝之患，则君子不患矣。”

译文

孟子说：“君子与一般人不同的地方在于他内心所怀的念头不同。君子内心所怀的念头是仁，是礼。仁爱的人爱别人，礼让的人尊敬别人。爱别人的人，别人也经常爱他；尊敬别人的人，别人也经常尊敬他。假定这里有个人，他对我蛮横无理，那君子必定反躬自问：‘我一定不仁，一定无礼吧，不然的话，这事情怎么会发生到我头上呢？’如果反躬自问是仁的，是有礼的，而那人仍然蛮横无理，君子必定再次反躬自问：‘我一定不忠。’如果反躬自问是忠的，而那人仍然蛮横无理，君子就会说：‘这人不过是个狂人罢了。既然这样，那同禽兽有什么区别呢？而对禽兽又有什么可责难的呢？’

“所以君子有终身的忧虑，但没有突发的祸患。这样的忧虑是有的：舜是人，我也是人。舜被天下人所效法，名声传于后世，可我却不过是一个普通人而已，这个才是值得忧虑的事。忧虑又怎么办呢？像舜那样做罢了。至于君子别的什么忧患就没有了。不是仁爱的事不干，不合于礼的事不做。即使有突发的祸患来到，君子也不会感到忧虑了。”

①横逆：蛮横无理。

②此物：指上文所说“横逆”的态度。

③由：通“犹”。下文“我由未免为乡人也”中的“由”也通“犹”。

④择：区别。

⑤难：责难。

⑥法：效法。

⑦乡人：平凡的居民，普通人。

⑧亡（wú）：通“无”，没有。

齐人有一妻一妾

这是《孟子》一书中的名篇，主要针对一些从政者外表高尚、内心肮脏的行径进行揭露和批判。文中的齐人是一个内心极其卑劣下贱，外表却趾高气扬、不可一世的人。他为了在妻妾面前摆阔气、抖威风，自吹每天都有达官贵人请他吃喝，实际上他却每天都在坟地里乞讨。妻妾发现了他的秘密后痛苦不堪，而他却并不知道事情已经败露，还在妻妾面前得意扬扬。本章借用齐人的故事来讽刺那些为钻营富贵而抛弃人格尊严、进行狡诈欺骗的无耻之徒，揭露了他们表面上道貌岸然而实则内心肮脏的本性。本篇寓言情节曲折引人，人物刻画形象生动，具备了小说的雏形。

原文

齐人有一妻一妾而处室[①]者，其良人[②]出，则必餍[③]酒肉而后反。其妻问所与饮食者，则尽富贵也。其妻告其妾曰："良人出，则必餍酒肉而后反；问其与饮食者，尽富贵也，而未尝有显者[④]来，吾将瞷[⑤]良人之所之也。"

蚤[⑥]起，施[⑦]从良人之所之，遍国中[⑧]无与立谈者。卒[⑨]之[⑩]东郭[⑪]墦间[⑫]，之祭者[⑬]，乞其余；不足，又顾而之他。此其为餍足之道也。

其妻归，告其妾，曰："良人者，所仰望而终身也。今若此！"与其妾讪[14]其良人，而相泣于中庭[15]。而良人未之知也，施施[16]从外来，骄其妻妾。

由君子观之，则人之所以求富贵利达者，其妻妾不羞也，而不相泣者，几希[17]矣！

译文

齐国有一个人，家里有一妻一妾。丈夫每次出门，必定是吃得饱饱地、喝得醉醺醺地回家。他妻子问他一道吃喝的是些什么人，据他说来，全都是些有钱有势的人。他妻子告诉他的妾说："丈夫出门，总是吃饱喝足了再回来；问他和些什么人一道吃喝，据他说来全都是些有钱有势的人，但我们却从来没见到什么有钱有势的人物到家里面来过，我打算悄悄地看看他到底去些什么地方。"

第二天早上起来，她便尾随在丈夫的后面，走遍全城，没有看到一个人和她丈夫站在一处说过话。最后他走到了东城外的墓地，向祭扫坟墓的人要些剩余的祭品吃；不够，又东张西望地跑到别处去乞讨。这就是他吃饱喝足的办法。

他的妻子回到家里，告诉他的妾说："丈夫，是我们依仗并托付终身的人。现在他竟然做这样的事！"二人在庭院中咒骂着，哭泣着。而丈夫还不知道，得意扬扬地从外面回来，在他的两个女人面前摆威风。

在君子看来，人们用来求取升官发财的方法，能够不使他们的妻妾引以为耻而相对哭泣的，实在是很少的！

---

①处室：居住在一起。

②良人：古代妇女对丈夫的称呼。

③餍（yàn）：饱。

④显者：有地位的人。

⑤瞯（jiàn）：侦察，窥视，偷看。

⑥蚤：通“早”，早上。

⑦施：通“迤”，斜行，斜从跟随，以免被丈夫发现。

⑧国中：城中。国，城。

⑨卒：最后。

⑩之：来到。

⑪东郭：东边的城墙。

⑫墦间：坟墓间。墦，坟墓。

⑬祭者：祭扫坟墓的人。

⑭讪：讥讽，咒骂。

⑮中庭：庭中。

⑯施施：得意扬扬的样子。

⑰希：通“稀”。

娶妻如之何

本章中，孟子和万章讨论的是舜。本章由舜不告而娶引起对舜恶劣的家庭环境的介绍。其一，舜娶妻不敢告诉父母，尧嫁女也不敢告诉舜的父母，其原因是舜的父母禁止舜结婚；其二，舜的父亲骗舜上房顶后抽梯子放火，打算烧死舜；其三，舜父母骗舜去淘井，而后填井想活埋舜；其四，舜的同父异母弟弟象和其父母商议谋害舜后瓜分舜的财产和女人；其五，当象到舜的房间收拾东西时发现舜还活着，舜竟然还把臣子与百姓交给象来管理。估计普天之下再没有这样的家庭了。孟子以为舜不告而娶妻是为了人之大伦，他逃脱父母陷害是不想陷父母于不义，表现了他的大孝，他授权于象说明他作为兄长对兄弟的爱。舜的伟大在于他的孝悌观念吧。后世学者多怀疑这个故事的真实性，但我们明白，孟子的重点在宣扬孝悌精神而不在故事本身就行了。

原文

万章问曰："《诗》云：'娶妻如之何？必告父母[①]。'信斯言也，宜莫如舜。舜之不告而娶，何也？"

孟子曰："告则不得娶。男女居室，人之大伦也。

如告，则废人之大伦，以怼父母，是以不告也。”

万章曰：“舜之不告而娶，则吾既得闻命矣；帝之妻舜而不告，何也？”

曰：“帝亦知告焉则不得妻也。”

万章曰：“父母使舜完廪，捐阶，瞽瞍焚廪。使浚井，出，从而掩之。象[2]曰：‘谟盖[3]都君[4]，咸我绩！牛羊，父母；仓廪，父母；干戈，朕；琴，朕；弤，朕；二嫂，使治朕栖。’象往入舜宫，舜在床琴。象曰：‘郁陶[5]思君尔。’忸怩。舜曰：‘惟兹臣庶，汝其于予治。’不识舜不知象之将杀己与？”

曰：“奚而不知也？象忧亦忧，象喜亦喜。”

曰：“然则舜伪喜者与？”

曰：“否。昔者有馈生鱼于郑子产，子产使校人畜之池。校人烹之，反命曰：‘始舍之，圉圉焉；少则洋洋焉，攸然而逝。’子产曰：‘得其所哉！得其所哉！’校人出，曰：‘孰谓子产智？予既烹而食之，曰：‘得其所哉！得其所哉。’故君子可欺以其方，难罔以非其道。彼以爱兄之道来，故诚信而喜之，奚伪焉？”

译文

万章问道：“《诗经》上说：‘娶妻应该怎么做？一定要先禀告父母。’信守这道理的，应该没有人比得上舜了。可是舜不禀告父母就娶妻，这是为什么呢？”

孟子说：“禀告了，就娶不成了。男女成婚，共同生活，是人类重大的伦理关系。如果舜禀告了而娶不成妻，就废掉了这种伦理关系，反而引起对父母的怨恨，所以不禀告。”

万章说：“舜不禀告就娶妻，我已领教了您的解释；那么帝尧把女儿嫁给舜，却也不告诉舜的父母，为什么呢？”

孟子说：“帝尧也知道，告诉了他们就没法把女儿嫁给他了。”

万章说：“父母叫舜修理粮仓，等他爬上仓后，拿掉了梯子，他父亲瞽瞍放火烧粮仓，想把舜烧死。又曾叫舜淘井，舜已经逃出了井，瞽瞍不知道，随即就填井，想把舜埋在井里。象说：‘设计谋害舜都是我的功劳，他的牛羊归父母，粮食归父母，干戈归我，琴归我，弓归我，让两个嫂嫂替我整理床铺。’象走进舜的住房，（不料舜没有死，）舜正坐在床上弹琴。象（赶忙掩饰）说：‘我可想念你啦！’神情很不自然。舜说：‘我惦念着这些臣下和百姓，希望你来帮我管理。’我不知道，舜真的不晓得象要杀害他吗？”

孟子说：“怎么会不知道呢？（舜看重兄弟情义，）象忧愁，他也忧愁；象高兴，他也高兴。”

万章说：“这么说，舜是假装高兴的吗？”

孟子说：“不。从前有人送条活鱼给郑国的子产，子产叫管理池塘的小吏把它放养到池塘里。可是小吏把鱼煮了吃了，回来报告说：‘刚放它时，半死不活的；不一会儿就摇摆着尾巴游开了，一转眼就游不见了。’子产说：‘得着它的好去处了！得着它的好去处了！’小吏出来后说：‘谁说子产聪明？我都把鱼煮了吃掉了，他还说：‘得着它的好去处了！得着它的好去处了！’所以，对于君子可以用合乎道理的方法欺骗他，却不能用违反道理的方法欺罔他。象装着以敬爱兄长的态度来对待舜，所以舜真诚地相信他，而且感到高兴，怎么是假装的呢？”

---

①娶妻如之何？必告父母：这两句出自《诗经·齐风·南山》。

②象：人名，相传是舜的同父异母弟。

③盖：“害”的假借字，陷害。

④都君：指舜。

⑤郁陶：因思念而忧闷的样子。

伊尹以割烹要汤

本章之中，孟子对伊尹出仕作了自己的解释。万章提出了伊尹是否是以当厨子来求得商汤任用的问题。对此，孟子进行了反驳。孟子认为，伊尹是一个智者，是一个得道者，是汤礼聘伊尹入朝为官的。孟子再三解释了商汤对伊尹的多次礼遇，而伊尹出仕的原因是自己不再独乐尧舜之道，而是要把尧舜之道在当世有一个实践落实。这里孟子提出了一个重要的思想：自己懂得了尧舜之道，独享其乐，不如影响君王，实行尧舜之政，改变时代，把自己所处的时代改造为尧舜的时代。这才是一个积极的社会实践者的思想。

原文

万章问曰："人有言，'伊尹以割烹[①]要汤'，有诸？"

孟子曰："否，不然。伊尹耕于有莘[②]之野，而乐尧舜之道焉。非其义也，非其道也，禄之以天下，弗顾也；系马千驷，弗视也。非其义也，非其道也，一介[③]不以与人，一介不以取诸人。汤使人以币[④]聘之，嚣嚣[⑤]然曰：'我何以汤之聘币为哉？我岂若处畎亩之中，由是以乐尧舜之道哉？’汤三使往聘之，既而幡然[6]改曰：‘与[7]我处畎亩之中，由是以乐尧舜之道，吾岂若使是君为尧舜之君哉？吾岂若使是民为尧舜之民哉？吾岂若于吾身亲见之哉？天之生此民也，使先知觉后知，使先觉觉后觉也。予，天民之先觉者也；予将以斯道觉斯民也。非予觉之。而谁也？’思天下之民匹夫匹妇有不被尧舜之泽者，若己推而内[8]之沟中。其自任以天下之重如此，故就汤而说[9]之以伐夏救民。

“吾未闻枉己而正人者也，况辱己以正天下者乎？圣人之行不同也，或远或近，或去或不去，归洁其身而已矣。吾闻其以尧舜之道要汤，未闻以割烹也。《伊训》曰：‘天诛造[10]攻自牧宫[11]，朕[12]载自亳。’”

译文

万章问道：“人们有这样的说法，‘伊尹以当厨子来求得汤的任用’，有这回事吗？”

孟子说：“不，不是这样的。伊尹在有莘国的郊野耕作，以行尧舜之道为乐。（如果）不符合义，不符合道，即使把天下当作俸禄给他，他也不理睬；即使给他四千匹马，他也不放在眼里。（如果）不符合义，不符合道，一丝一毫也不拿去送人，一丝一毫也不拿别人的。汤派人带了礼物去聘请他，他毫不在乎地说：‘我要汤的礼物干什么？哪如我生活在田野中，像这样把尧舜之道当作快乐好呢？’汤又多次派人去聘请，不久他完全改变了态度，说：‘与其隐居在田野中，把尧舜之道当作快乐，哪如使这个君主成为尧舜那样的君主呢？哪如使百姓成为尧舜时代那样的百姓呢？哪如亲眼见到尧舜时代那样的盛世呢？上天创造这些人民，就要使先知者帮助后知者觉悟，先觉者帮助后觉者觉悟。我，是上天所创造人民中的先觉者，我将用这尧舜之道去使人民觉悟。不是我使他们觉悟，又有谁呢？’他想到天下的人民中，要是有一个男的或一个女的没有享受到尧舜之道的恩泽，就像是自己把他们推入了山沟似的。他就像这样把天下的重任担在自己肩上，所以到汤那里劝说他讨伐夏桀，拯救人民。

“我未听说自己不正却能匡正别人的，更何况侮辱自己来匡正天下呢？圣人的行为是有不同的，有的避离君主，有的接近君主，有的离开朝廷，有的不离开朝廷，但都归结到使自身洁净罢了。我只听说他是凭尧舜之道去求汤任用的，没听说是靠当厨子去求官做的。《伊训》上（伊尹）说：‘上天的讨伐，最初的祸根起自夏桀的宫室，我呢，不过是从殷都亳邑开始打算罢了。’”

---

①割烹：割切、烹调，厨师的技术。

②有莘：国名。其地在今山东曹县西北。

③介：通“芥”，比喻微小的东西。

④币：束帛。

⑤嚣嚣：不在乎的样子。

⑥幡然：迅速改变的样子。

⑦与：“与其”的省略。

⑧内：通“纳”。

⑨说：游说。

⑩造：始也。

⑪牧宫：夏桀的宫室。

⑫朕：伊尹自谓。

伯夷目不视恶色

本章之中，孟子重点分析了伯夷、伊尹、柳下惠和孔子等四位圣人立身处世的特点。孟子认为伯夷是圣人中清高的人，洁身自好是其特点；伊尹是圣人中负责的人，以天下为己任是其特点；柳下惠是圣人中随和的人，顺势行事是其特点；孔子是圣人中识时务的人，集大成是其特点。孟子说的集大成，结合了前几位圣人的特点。孟子用“金声玉振”来概括，可谓恰如其分。最后，借用射箭中的“技巧”和“力”来形象地说明“智”和“圣”，从而抬高了孔子。

原文

孟子曰：“伯夷，目不视恶色，耳不听恶声；非其君不事，非其民不使；治则进，乱则退。横①政之所出，横民之所止，不忍居也。思与乡人处，如以朝衣朝冠坐于涂炭也。当纣之时，居北海之滨，以待天下之清也。故闻伯夷之风者，顽②夫廉，懦夫有立志。

“伊尹曰：‘何事非君？何使非民？’治亦进，乱亦进。曰：‘天之生斯民也，使先知觉后知，使先觉觉后觉。予，天民之先觉者也。予将以此道觉此民也。’思天下之民匹夫匹妇有不与被尧舜之泽者，若己推而内之沟中，其自任以天下之重也。

“柳下惠不羞污君，不辞小官；进不隐贤，必以其道；遗佚③而不怨，厄穷而不悯。与乡人处，由由然不忍去也。‘尔为尔，我为我，虽袒裼裸裎④于我侧，尔焉能浼⑤我哉？’故闻柳下惠之风者，鄙夫⑥宽，薄夫⑦敦。

“孔子之去齐，接淅⑧而行；去鲁，曰：‘迟迟吾行也。’去父母国之道也。可以速而⑨速，可以久而久，可以处而处，可以仕而仕，孔子也。”

孟子曰：“伯夷，圣之清者也；伊尹，圣之任者也；柳下惠，圣之和者也；孔子，圣之时者也。孔子之谓集大成。集大成也者，金声⑩而玉振⑪之也。金声也者，始条理也；玉振之也者，终条理也。始条理者，智之事也；终条理者，圣之事也。智，譬则巧也；圣，譬则力也。由⑫射于百步之外也，其至，尔力也；其中，非尔力也。”

译文

孟子说：“伯夷这个人，眼睛不看丑陋的事物，耳朵不听邪恶的声音。不是他理想的君主，不侍奉；不是他理想的百姓，不使唤。天下太平就出来做官，天下混乱就隐退不出。施行暴政的国家，住有暴民的地方，他都不愿意居住。他认为和没有教养的人相处，就像穿戴着上朝的礼服礼帽却坐在泥途或炭灰上一样。当殷纣王在位的时候，他隐居在渤海边，等待着天下太平。所以，听到过伯夷风范的人，贪得无厌的会变得廉洁，懦弱的会变得意志坚定。

“伊尹说：‘哪个君主不可以侍奉？哪个百姓不可以使唤？’所以，他是天下太平做官，天下混乱也做官。他说：‘上天创造这些百姓，就是要让先知的人来开导后知的人，先觉的人来开导后觉的人。我就是这些人中先知先觉的人，我要开导这些后知后觉的人。’他认为天下的百姓中，只要有一个普通男子或普通妇女没有享受到尧舜的恩泽，就好像是他自己把别人推进山沟之中一样，这就是他以挑起天下的重担为己任的态度。

“柳下惠不以侍奉昏君为耻辱，也不因官小而不做。做官不隐藏自己的才能，坚持按自己的原则办事。遭到冷落不怨恨，处境艰难也不忧愁。与没有教养的人相处，也照样悠然自乐不忍离去。他说：‘你是你，我是我，你就是赤身露体在我旁边，对我又有什么污染呢？’所以，听到过柳下惠风范的人，心胸狭窄的会变得心胸宽阔起来，刻薄的会变得厚道起来。

“孔子离开齐国的时候，不等把米淘完就走；离开鲁国时却说：‘我们慢慢走吧。’这是离开祖国的态度。应该快就快，应该慢就慢；应该隐居就隐居，应该做官就做官，这就是孔子。”

孟子说：“伯夷，是圣人里面清高的；伊尹，是圣人里面负责任的；柳下惠，是圣人里面随和的；孔子，是圣人里面识时务的。孔子可以称为集大成者。集大成的意思，就好比乐队演奏，以镈钟声开始起音，以特磬声结束收尾。镈钟声起音是为了有条有理地开始，以磬声收尾是为了有条有理地结束。有条有理地开始是智方面的事，有条有理地结束是圣方面的事。智好比是技巧，圣好比是力量。犹如在百步以外射箭，箭能射到靶子，是靠你的力量；射中了，却是靠技巧而不是靠力量。”

---

①横（hèng）：暴。

②顽：贪婪。

③遗佚：被君王遗弃不用。

④袒（tǎn）裼（xī）裸裎（chéng）：四个字意思相近，同义复用，都是赤身露体的意思。

⑤浼：污染。

⑥鄙夫：心胸狭窄的人。

⑦薄夫：刻薄的人。

⑧接淅：捞起正在淘的米。

⑨而：则。以下几句同。

⑩金声：指镈钟发出的声音。

⑪玉振：指玉磬收束的余韵。古代奏乐，先以镈钟起音，结束以特磬收尾。

⑫由：通“犹”。

齐宣王问卿

本章记载了孟子与齐宣王关于君臣关系的讨论。孟子认为面对君主之过，做臣子的有责任去批评指正。如果君主犯了大错，反复劝说而不听，异姓之卿可以选择抛弃君主，贵戚之卿可以选择废掉君主。这一观点在当时看来非常大胆，即使放在今天也相当有震撼力。孟子对君臣关系的这种认识与他“民为贵”的思想是分不开的。如果和《君之视臣如手足》和《桀纣之失天下》相结合则更容易理解。这是一种新型的君臣关系，与后世儒家的君臣观是不同的。

原文

齐宣王问卿。孟子曰：“王何卿之问也？”

王曰：“卿不同乎？”

曰：“不同。有贵戚之卿[1]，有异姓之卿。”

王曰：“请问贵戚之卿？”

曰：“君有大过，则谏；反覆之而不听，则易位。”

王勃然变乎色。

曰：“王勿异也！王问臣，臣不敢不以正[2]对。”

王色定，然后请问异姓之卿。

曰："君有过，则谏，反覆之而不听，则去[3]。"

译文

齐宣王向孟子询问有关卿大夫的事。孟子说："大王问的是哪一类的卿大夫呢？"

齐宣王说："卿大夫还有所不同吗？"

孟子说："不同。有和王室同宗族的卿大夫，有非王族的卿大夫。"

宣王说："那我请问王室宗族的卿大夫。"

孟子说："君王有重大过错，他们便加以劝阻；反复劝阻了还不听从，他们便改立君王。"

宣王突然变了脸色。

孟子说："大王不要怪我这样说。您问我，我不敢不用老实话来回答。"

宣王脸色正常了，然后又问非王族的卿大夫。

孟子说："君王有过错，他们便加以劝阻；反复劝阻了还不听从，他们便辞职而去。"

---

①贵戚之卿：指与君王同宗族的卿大夫。

②正：诚。

③去：去往他国。

富岁子弟多赖

本章之中，孟子通过实例指出人对“理义”的追求是一致的。为了更好地说明这个问题，孟子列举了大量的事实。丰收之年，少年多半懒惰；灾荒之年，少年多半强暴。这不是由其本性决定的，而是受其所处环境影响。正如大麦收成不同是由于土地肥沃程度、雨露多少、人工管理不同，不是受大麦本身的影响。以此类推到人类对味觉、听觉、美男子的喜好的分析上，都在说明一个道理：人各有不同，但对这些事物的欣赏和追求是一样的。据此，孟子认为“理义”于人也是这个道理。同理，孟子得出人各有不同，但大家内心对“理义”的认识是一致的。这就说明了“理义”是人的本性，这也是“人性善”的一个合理推导。

原文

孟子曰：“富岁①，子弟②多赖③；凶岁④，子弟多暴⑤。非天之降才⑥尔⑦殊⑧也，其所以陷溺⑨其心者然⑩也。今夫麰麦⑪，播种而耰之，其地同，树⑫之时又同，浡然⑬而生，至于日至之时，皆熟矣。虽有不同，则地有肥硗⑭，雨露之养，人事之不齐也。故凡同类者，举⑮相似也，何独至于人而疑之？圣人与我同类者。故龙子曰：‘不知足而为屦，我知其不为蒉[16]也！’屦之相似，天下之足同也。

“口之于味，有同耆也。易牙[17]先得我口之所耆者也。如使口之于味也，其性与人殊，若犬马之与我不同类也，则天下何耆皆从易牙之于味也？至于味，天下期于易牙，是天下之口相似也。惟耳亦然。至于声，天下期于师旷[18]，是天下之耳相似也。惟目亦然。至于子都[19]，天下莫不知其姣也。不知子都之姣者，无目者也。故曰：口之于味也，有同耆焉；耳之于声也，有同听焉；目之于色也，有同美焉。至于心，独无所同然乎？心之所同然者何也？谓理也，义也。圣人先得我心之所同然耳。故理义之悦我心，犹刍豢[20]之悦我口。”

译文

孟子说：“丰年，青年子弟大多懒惰；荒年，青年子弟大多凶暴。不是天生的情性有这种不同，是他们的心沉迷堕落于环境使他们变成这样的。比如种大麦，播了种，耙了地，种的地方相同，种的时间又相同，麦子蓬勃地生长，到夏至的时候，都成熟了。即使有所不同，也是因为土地的肥瘦、雨露的滋养、人工的管理不一样的缘故。所以凡是同类的，全都是相似的，为什么一说到人，偏偏要怀疑这一点呢？圣人是和我们同类的，所以龙子说：‘不知道脚具体的样子而编鞋，我知道不会把它编成草筐的。’草鞋的相似，是因为天下之人的脚形是相同的。

“口对于味道，有同样的嗜好。易牙是最先掌握了我们口味上共同嗜好的人。假使口对于味道，生来就跟别人不一样，就像狗、马和我们不同类一样，那么天下的人为什么都追随易牙的口味呢？说到口味，天下的人都期望尝到易牙烹调的菜肴，这说明天下人的口味是相似的。耳朵也是这样。说到声音，天下的人都期望做到师旷那样，这说明天下人的听觉是相似的。眼睛也是这样。说到子都，天下没有不知道他俊美的。不知道子都俊美的，是不长眼睛的人。所以说，口对于味道，有相同的嗜好；耳朵对于声音，有相同的听觉；眼睛对于容貌，有相同的美感。说到心，偏偏会没有相同的爱好吗？心的共同爱好是什么？就是理，就是义。圣人最先觉悟到我们人心的相同爱好罢了。所以，理义能使我们内心愉悦，正像牛羊猪狗的肉能使我们享到口福一样。”

---

①富岁：丰年。

②子弟：泛指年轻后辈。

③赖：通“懒”。

④凶岁：荒年。

⑤暴：迫于饥寒而做恶事。

⑥才：通“材”，资质，品质。

⑦尔：如此。

⑧殊：不同。

⑨陷溺：使沉迷堕落。

⑩然：如此。

⑪麰（móu）麦：大麦。

⑫树：种植。

⑬浡然：兴起的样子。

⑭硗（qiāo）：土地多石瘠薄。

⑮举：全。

⑯蒉（kuì）：草编的筐子。

⑰易牙：齐桓公的宠臣，传说他擅长烹饪。

⑱师旷：春秋时晋平公的乐师，生而目盲，善辨音律。

⑲子都：传说是古代的一个美男子。

⑳刍豢（chú huàn）：朱熹注曰："草食曰刍，犬羊是也；谷食曰豢，犬豕是也。"泛指各种牲畜。

无或乎王之不智

孟子在本章中主要论述了学习效果的问题，讲了两个有关教育的故事。第一个讲王不明智不值得奇怪，是自己这个老师的“一曝十寒”导致的。这里也说明了教与学中双方都要持之以恒，不然就会一事无成。第二个讲的是弈秋授徒的故事。其一徒专心致志，其一徒心有旁骛。两个学生学习效果的差别说明了用心才能学好的道理。孟子谈教与学，一个是从老师的角度，一个是从学生的角度。教与学完美结合，学生才能收到良好的学习效果。另一方面，孟子也透露了这样的信息：学生学习效果的好坏，不是由其本身的智商决定的，而是由教师的引导和自己专心致志的程度决定的。孟子的语言也很精辟，后人从本章引出了两个成语：“一曝十寒”“专心致志”。

原文

孟子曰：“无或①乎王之不智也。虽有天下易生之物也，一日暴②之，十日寒之，未有能生者也。吾见亦罕矣，吾退而寒之者至矣，吾如有萌焉何哉？今夫弈③之为数④，小数也；不专心致志，则不得也。弈秋，通国之善弈者也。使弈秋诲二人弈，其一人专心致志，惟弈秋之为听；一人虽听之，一心以为有鸿鹄⑤将至，思援弓缴⑥而射之。虽与之俱学，弗若之矣。为是其智弗若与？曰：非然也。”

译文

孟子说：“大王的不明智，没有什么可奇怪的。即使有一种天下最容易生长的植物，晒它一天，又冻它十天，也没有能够生长的。我和大王相见的次数也太少了。我退居在家，把他冷淡得也到了极点了，他虽有一点儿善良之心的萌芽，我对他能有什么帮助呢？比如下棋，只是一种小技术，但如果不专心致志地学习，也是学不会的。弈秋是全国闻名的下棋能手，他同时教两个人下棋。其中一个专心致志，只听弈秋讲授；另一个虽然也在听，但心里面却老是觉得有天鹅要飞来，一心想着如何张弓搭箭去射它。这个人虽然与专心致志的那个人一起学习，却比不上那个人。是因为他的智力不如那个人吗？回答很明确：当然不是。”

①或：通“惑”，不明了，奇怪。

②暴（pù）：晒。

③弈：围棋。

④数：技术，技巧。

⑤鸿鹄（hú）：天鹅。

⑥缴（zhuó）：系在箭上的生丝绳，代指箭。

鱼我所欲也

本章是《孟子》中的名篇。孟子在本章之中论述了“所欲”的问题。孟子认为在人所有的欲中，最为重要的是“义”，义的重要性是超过生命的。孟子通过著名的“鱼与熊掌”的比喻来说明，鱼和熊掌、生命和义都是我们所喜欢的，但是一旦它们之间产生了冲突，我们自然就两利相权取其重了。什么为重？熊掌比鱼更重要，义比生命更重要。这就是成语“舍生取义”的由来。后面孟子还进行了大量的类比来说明“知耻”是人所具有的本性，是“义”的具体内涵。只有贤者才能一直保持，这叫作不失本心。

原文

孟子曰：“鱼，我所欲也，熊掌亦我所欲也；二者不可得兼，舍鱼而取熊掌者也。生亦我所欲也，义亦我所欲也；二者不可得兼，舍生而取义者也。生亦我所欲，所欲有甚于生者，故不为苟得也；死亦我所恶，所恶有甚于死者，故患有所不辟①也。如使人之所欲莫甚于生，则凡可以得生者，何不用也？使人之所恶莫甚于死者，则凡可以辟患者，何不为也？由是则生而有不用也，由是则可以辟患而有不为也。是故所欲有甚于生者，所恶有甚于死者。非独贤者有是心也，人皆有之，贤者能勿丧耳。

“一箪食，一豆[2]羹，得之则生，弗得则死。呼尔[3]而与之，行道之人弗受；蹴尔[4]而与之，乞人不屑也。万钟则不辩礼义而受之。万钟于我何加焉？为宫室之美、妻妾之奉、所识穷乏者得[5]我与？乡[6]为身死而不受，今为宫室之美为之；乡为身死而不受，今为妻妾之奉为之；乡为身死而不受，今为所识穷乏者得我而为之，是亦不可以已乎？此之谓失其本心。”

译文

孟子说：“鱼是我喜欢吃的，熊掌也是我喜欢吃的；如果两者不能同时得到，我就舍弃鱼而吃熊掌。生命是我想拥有的，正义也是我想拥有的；如果两样不能同时拥有，我就舍弃生命而坚持正义。生命是我想拥有的，但是还有比生命更使我想拥有的，所以我不愿意苟且偷生；死亡是我所厌恶的，但是还有比死亡更使我厌恶的，所以我不愿意因为厌恶死亡而逃避某些祸患。如果人所想拥有的东西没有超过生命的，那么，只要是可以活命，什么事情干不出来呢？如果人所厌恶的东西没有超过死亡的，那么，只要是可以逃避死亡的祸患，什么事情干不出来呢？但也有些人，照此做就可以拥有生命，却不照此做；照此做就可以逃避死亡的祸患，却不照此做，由此可知，的确有比生命更使人想拥有的东西，也的确有比死亡更使人厌恶的东西。这种心原本不只是贤人才有，而是人人都有，只不过贤人能够保持它罢了。

“一篮子饭，一碗汤，吃了便可以活下去，不吃就要饿死。如果吆喝着给人吃，过路的人虽然饿着肚子也不会接受；如果用脚踩踏后再给人吃，就是乞丐也不屑于接受。万钟的俸禄却有人不问是否合乎礼义就接受了。万钟的俸禄对我有什么好处呢？是为了住宅的华丽、妻妾的奉养以及我所认识的穷苦人感激我吗？过去宁肯死亡都不接受的，现在却为了住宅的华丽而接受了；过去宁肯死亡都不接受的，现在却为了妻妾的奉养而接受了；过去宁肯死亡都不接受的，现在却为了我所认识的穷苦人感激我而接受了，这些不是可以停止的吗？这种做法叫作丧失了本性。”

---

①辟：通“避”，逃避，躲避。

②豆：古代盛羹汤的器具。

③呼尔：指轻蔑地呵斥、吆喝。

④蹴（cù）尔：以脚践踏。

⑤得：通“德”，这里指以我为德，即感激的意思。

⑥乡：通“向”，向来，一向，从前。

拱把之桐梓

本章之中，孟子用了一个比喻来说明发展自己的重要性。孟子论说时喜欢类比，这里就用了类比：对树木，人们关注如何培养使之成材，却没有思考对自己的培养和发展。培养自己、发展自己，在孟子眼中是非常重要的。这一方面体现了孟子对人本身的重视，是以人的发展为核心的发展观念；另一方面体现了孟子对教育的重视，孟子曾经提出“得天下英才而教育之”是人生一大乐事的观点。教育对于人的成才是至关重要的，这与人们对树木的栽培的道理是一样的。

原文

孟子曰：“拱把[1]之桐梓，人苟欲生之，皆知所以养之者。至于身，而不知所以养之者，岂爱身不若桐梓哉？弗思甚也。”

译文

孟子说：“一两把粗的桐树、梓树，人们要想让它们生长，都知道该怎样去培养。至于自己本身，反倒不知道怎样培养，岂不是爱自身还不如爱桐树、梓树吗？真是太不动脑筋了。”

①拱把：两手合持叫作“拱”，一手握住叫作“把”。此言树之细小。

人之于身也

孟子在本章之中强调了身体的完整性和重要性。文中，孟子有两个基本出发点：一是身体的各个部分都要爱护；二是身体的各个部分中，养其大者为大人，养其小者为小人。孟子从此推出有些人只是注重吃饭，而失去了最大的部分。我们不禁要问：那失去了的“大的部分”到底是什么呢？孟子在这里没有明说。不过，从他在其他地方所说的来看，我们知道，那就是“饱食、暖衣、逸居而无教”(《孟子·滕文公上》)的“教”，也就是孔子所谓“饱食终日，无所用心”(《论语·阳货》)的“用心”。也就是说，这里所说的“饮食之人”就是“无教”和“无所用心”的人了。

原文

孟子曰：“人之于身也，兼所爱。兼所爱，则兼所养也。无尺寸之肤不爱焉，则无尺寸之肤不养也。所以考其善不善者，岂有他哉？于己取之而已矣。体有贵贱，有小大。无以小害大，无以贱害贵。养其小者为小人，养其大者为大人。今有场师，舍其梧槚[①]，养其樲棘[2]，则为贱场师焉。养其一指而失其肩背，而不知也，则为狼疾[3]人也。饮食之人，则人贱之矣，为其养小以失大也。饮食之人无有失也，则口腹岂适[4]为尺寸之肤哉？”

译文

孟子说：“人对于自己的身体，哪一部分都要爱护。都爱护，便都保养。没有一尺一寸的肌肤不爱护，便没有一尺一寸的肌肤不保养。要看他护养得好不好，难道有别的方法吗？不过是看他注重的是身体的哪一部分罢了。身体有重要的部分，有次要的部分；有小的部分，也有大的部分。不要因为小的部分而损害大的部分，不要因为次要的部分而损害重要的部分。护养小的部分的是小人，护养大的部分的是大人。现在有一位园艺师，舍弃梧桐和楸树，却去培养酸枣树和荆棘，那就是一位很糟糕的园艺师。如果有人为护养一根手指而失去整个肩背，自己却不知道，那便是个糊涂透顶的人。那种只晓得吃吃喝喝的人之所以受到人们的鄙视，是因为他护养了小的部分而失去了大的部分。如果说他没有失去什么的话，那么，一个人的吃喝难道就只是为了护养口腹那一尺一寸的肌肤吗？”

---

①梧：梧桐。槚（jiǎ）：即楸树，也是一种木质很好的树。

②樲（èr）：酸枣树。棘：荆棘。

③狼疾：通“狼藉”，昏乱，糊涂。

④适：通“啻”，仅仅，只。

钧是人也

孟子在本章中解释了“大人”与“小人”的区别，其目的是说明“树心”的重要性。孟子认为心是上天特意赐给人类的。只有心才可以思考，而只有思考我们才会有所得。在养护人体上，我们必须先树心，也就是先有一个向善的本性，那么其他器官便不能泯灭这种本性。这样做的人是君子，而那些总想着满足身体之中“耳、眼”等感官的人则是小人。孟子的这种理论是有道理的。只有本心向善，耳目之欲望才不会侵扰人的本性，才能做到以心役物！

原文

公都子问曰：“钧[①]是人也，或为大人，或为小人，何也？”

孟子曰：“从[②]其大体为大人，从其小体为小人。”

曰：“钧是人也，或从其大体，或从其小体，何也？”

曰：“耳目之官不思，而蔽于物[③]，物交物，则引之而已矣。心之官则思，思则得之，不思则不得也。此天之所与我[④]者。先立乎其大者，则其小者弗能夺也。此为大人而已矣。”

译文

公都子问道：“同样是人，有的成为君子，有的却成为小人，这是为什么呢？”

孟子说：“注重身体重要部分的人成为君子，注重身体次要部分的人成为小人。”

（公都子）说：“同样是人，有的人注重身体重要部分，有的人注重身体次要部分，这又是为什么呢？”

（孟子）说：“耳朵眼睛这类器官不会思考，所以为外物所蒙蔽，一旦与外物相接触，便容易被引入迷途。心这个器官则有思考的能力，思考就会有所得，不思考就无所得。这是上天特意赋予我们人类的。所以，首先把心这个身体的重要部分树立起来，其他次要部分就不会被引入迷途。这样便可以成为君子了。”

---

①钧：通“均”，同，同样。

②从：注重。

③官：器官。蔽：蒙蔽。

④我：泛指人类。

任人有问屋庐子

孟子在本章中说明在处理礼和欲的关系时要采取灵活的方法，取其重者而从之。礼是用来调节欲望的，不是用来扼杀欲望的。孟子认为“食色”是人的本性，而理和义亦是人的本性。当任人问在“亲迎”之礼与“娶妻”之欲发生矛盾怎么办时，孟子表示反对从礼，因为此时的礼是小礼，需要服从大欲。孟子处理相关问题时采取的是从实际出发的原则，而不是拘泥于礼的束缚。这和后世的“大礼不辞小让”有相通之处。

原文

任[①]人有问屋庐子[②]曰：“礼与食孰重？”

曰：“礼重。”

“色与礼孰重？”

曰：“礼重。”

曰：“以礼食，则饥而死；不以礼食，则得食，必以礼乎？亲迎[③]，则不得妻；不亲迎，则得妻，必亲迎乎？”

屋庐子不能对，明日之邹，以告孟子。

孟子曰：“於！答是也何有？不揣其本而齐其末，

方寸之木可使高于岑楼[4]。金重于羽者，岂谓一钩金[5]与一舆羽之谓哉？取食之重者，与礼之轻者而比之，奚翅[6]食重？取色之重者，与礼之轻者而比之，奚翅色重？往应之曰：'紾[7]兄之臂而夺之食，则得食；不紾，则不得食，则将紾之乎？逾东家墙而搂其处子[8]，则得妻；不搂，则不得妻，则将搂之乎？'"

译文

有个任国人问屋庐子说："礼和食哪样重要？"

屋庐子说："礼重要。"

（那人又问：）"娶妻和礼哪样重要？"

屋庐了说："礼重要。"

那人又问："如果非要按照礼节才能吃，就只有饿死；不按照礼节而吃，就可以得到吃的，那还是一定要按照礼节吗？如果非要按照'亲迎'的礼节娶妻，就娶不到妻子；不按照'亲迎'的礼节娶妻，就可以娶到妻子，那还是一定要'亲迎'吗？"

屋庐子不能回答，第二天就到邹国，把这话告诉了孟子。

孟子说："回答这个问题，有什么困难呢？如果不比较基础的高低是否一致，只比较顶端，那么，一块一寸高的木头就可以使它高过尖顶高楼。我们说金子比羽毛重，难道是说一钩金子比一车羽毛还重吗？拿吃的重要方面和礼的轻微方面相比较，何止于吃的重要？拿娶妻的重要方面和礼的轻微方面相比较，何止于娶妻重要？你去这样答复他：'扭折哥哥的胳膊，抢夺他的食物，就可以得到吃的；不扭，便得不到吃的，那会去扭吗？爬过东边人家的墙壁去搂抱人家的少女，就可以得到妻子；不去搂抱，便得不到妻子，那会去搂抱吗？’”

---

①任：周初诸侯国名，故址在今山东济宁。

②屋庐子：孟子的学生。

③亲迎：古代婚姻制度“六礼”之一，新郎亲迎新娘。这里代指按礼制娶亲。

④岑楼：尖顶高楼。

⑤一钩金：意思是一丁点儿金子。

⑥翅：通“啻”，只，仅。

⑦紾（zhěn）：扭转。

⑧处子：处女。

人皆可以为尧舜

“人皆可以为尧舜”是孟子的一个重要观点。孟子之前很多学者都把尧舜推崇为圣人，给予他们常人不可及的地位。孟子则不然，他把尧舜等圣人从神坛上拉了下来，这样就给了平常人向尧舜等人学习的信心。当曹交提问之时，孟子首先给予肯定的回答，这是给曹交树以信心。并且孟子指出，很多人之所以平凡，不是因为他们的能力差，而是因为他们不去做。这和孟子劝说梁惠王行仁政时所说的“不为也，非不能也”是一个道理。其次，孟子认为“服尧之服，诵尧之言，行尧之行”就是通往尧的道路。孟子“人皆可以为尧舜”的思想和佛家后来所推崇的“人人皆有佛性”“放下屠刀立地成佛”在学理上是一个道理。

原文

曹交①问曰：“人皆可以为尧舜，有诸？”

孟子曰：“然。”

“交闻文王十尺，汤九尺，今交九尺四寸以长，食粟而已，如何则可？”

曰：“奚有于是？亦为之而已矣。有人于此，‘力不能胜一匹雏[2]，则为无力人矣；今曰举百钧，则为有力人矣。然则举乌获[3]之任，是亦为乌获而已矣。夫人岂以不胜为患[4]哉？弗为耳。徐行后长者谓之弟，疾行先长者谓之不弟[5]。夫徐行者，岂人所不能哉？所不为也。尧舜之道，孝弟而已矣。子服尧之服，诵尧之言，行尧之行，是尧而已矣；子服桀之服，诵桀之言，行桀之行，是桀而已矣。”

曰：“交得见于邹君，可以假馆[6]，愿留而受业于门。”

曰：“夫道[7]若大路然，岂难知哉？人病不求耳。子归而求之，有余师。”

译文

曹交问道：“人人都可以成为尧舜，有这说法吗？”

孟子说：“有。”

曹交说：“我听说文王身高十尺，汤身高九尺，如今我身高九尺四寸多，却只会吃饭罢了，要怎样做才行呢？”

孟子说：“这有什么关系呢？只要去做就行了。要是有人，自以为他连一只小鸡都提不起来，那他便是一个没有力气的人；如果有人说自己能够举起三千斤，那他就是一个很有力气的人。同样的道理，举得起乌获所举的重量的，也就是和乌获一样的人了。人难道以不能胜任为忧患吗？只是不去做罢了。比如说，慢一点儿走，让在长者之后叫作悌；快一点儿走，抢在长者之前叫作不悌。那慢一点儿走难道是人做不到的吗？不那样做而已。尧舜之道，不过就是孝和悌罢了。你穿尧的衣服，说尧的话，做尧的事，你便是尧了；你穿桀的衣服，说桀的话，做桀的事，你便是桀了。”

曹交说：“我准备去拜见邹君，向他借个住处，情愿留在您的门下做学生。”

孟子说：“道就像大路一样，难道难以了解吗？只是人不去寻求罢了。你回去自己寻求吧，老师有不少呢。”

---

①曹交：赵岐注：“曹交，曹君之弟，交，名也。”但孟子所处的时代曹国已亡，所以并不确切。

②一匹雏：一只小鸡。

③乌获：古代传说中的大力士。

④患：顾虑。

⑤徐行：缓行。后：跟在后面。先：赶上前面。弟：通“悌”，尊敬长者。

⑥假馆：借客舍，意为找一个住处。

⑦有余：不少。

今之事君者

本章中，孟子对臣子中的不良风气进行了批判。孟子认为，只有仁政才是臣子应该向君主推荐的，也只有仁政才能真正兴国安邦。一个君主更应该一心向道，心向仁政。古代实行的三王之道就是仁政之道。孟子指出，评价一个臣子是“良臣”还是“民贼”的依据，就是看他是否帮助君主实行仁政，能做到的就是良臣，而帮助不行仁政的君主实行“富国、强兵”的就是民贼，就是在帮助像桀纣一样的君主。这样不但不能使国家富强稳定，还会给国家带来更大的灾难。本章也表现了孟子对时局的关注和担忧，同时这也是当时社会的真实写照。

原文

孟子曰：“今之事君者曰：‘我能为君辟土地，充府库。’今之所谓良臣，古之所谓民贼也。君不乡道[①]，不志于仁，而求富之，是富桀也。‘我能为君约与国[②]，战必克。’今之所谓良臣，古之所谓民贼也。君不乡道，不志于仁，而求为之强战，是辅桀也。由今之道，无变今之俗，虽与之天下，不能一朝居也。”

译文

孟子说："如今侍奉国君的人说：'我能为国君开辟疆土，充实府库。'如今所说的好臣子，正是古代所说的残害百姓的人。国君不向往道德，不追求仁政，（侍奉国君的人）却想办法使国君富有，这是让像夏桀一样的暴君富有啊。又说：'我能够替国君邀结盟国，每战一定胜利。'如今所说的好臣子，正是古代所说的残害百姓的人。国君不向往道德，不追求仁政，（侍奉国君的人）却去想办法让他武力强大，这等于是去帮助像夏桀一样的暴君。从如今这样的道路走下去，不改变如今的风俗习气，即便把整个天下给他，他也是一天都坐不稳的。"

---

①乡道：向往道德。乡，通"向"，向往。

②与国：盟国。

丹之治水也愈于禹

本章中，孟子对大禹治水从方法到效果进行了明确的分析。农业社会经常发生水灾，为此出现了很多水利专家。白圭就是一位自诩治水能力超过大禹的水利专家。对此，孟子进行了反驳。孟子认为，白圭与大禹的治水有两点根本区别：其一，从治水方法上讲，大禹对洪水采取的是疏导，白圭采取的是筑堤防，也就是“堵”的方法。其二，从治水的效果来看，大禹是引水之势，导之于海；白圭是泄洪水到邻国，祸害他方。

原文

白圭曰：“丹之治水①也，愈于禹。”

孟子曰：“子过矣。禹之治水，水之道也，是故禹以四海为壑②。今吾子以邻国为壑。水逆行，谓之洚水③。洚水者，洪水也，仁人之所恶也。吾子过矣。”

译文

白圭说：“我治理水比大禹还强。”

孟子说：“你错了。大禹治理水患，是顺着水的本性而疏导，所以使水流注于四海。如今你却使水流到邻近的国家去。水逆流而行叫洚水。洚水就是洪水，是有仁德的人所厌恶的。你错了。”

---

①丹之治水：白圭治水的方法。据《韩非子·喻老篇》记载，白圭治水的方法主要在于筑堤塞穴，所以孟子要指责他“以邻国为壑”。

②壑（hè）：本义为沟壑，这里指受水处。

③洚（jiàng）水：大水泛滥。

鲁欲使乐正子为政

本章中，孟子谈论了对执政者素质的要求。对一个政治家来说，什么最重要？刚强、才能、知识、主见，孟子认为这些都是次要的。他认为对一位政治家而言最重要的品质是“好善”，也就是善于听取有益的意见并且加以执行。否则，执政者身边谄媚逢迎的小人就会出现。同进谗言而当面奉承的人住在一起，却想着治理好国家，无异于天方夜谭。这是很有道理的，“贞观之治”的出现就是李世民善于纳谏的结果。

原文

鲁欲使乐正子[①]为政。孟子曰：“吾闻之，喜而不寐。”

公孙丑曰：“乐正子强乎？”

曰：“否。”

“有知虑乎？”

曰：“否。”

“多闻识乎？”

曰：“否。”

“然则奚为喜而不寐？”

曰："其为人也好善②。"

"好善足乎？"

曰："好善优③于天下，而况鲁国乎？夫苟好善，则四海之内，皆将轻④千里而来告之以善；夫苟不好善，则人将曰：'訑訑⑤，予既⑥已知之矣。'訑訑之声音颜色，距⑦人于千里之外。士止于千里之外，则谗谄面谀⑧之人至矣。与谗谄面谀之人居，国欲治，可得乎？"

译文

鲁国打算让乐正子治理国政。孟子说："我听到这一消息，欢喜得睡不着觉。"

公孙丑问："乐正子很有能力吗？"

孟子说："不。"

公孙丑问："他有智慧有远见吗？"

孟子说："不。"

公孙丑问："他见多识广吗？"

孟子说："不。"

公孙丑问："那您为什么高兴得睡不着觉呢？"

孟子回答说："他为人喜欢听取善言。"

公孙丑问："喜欢听取善言就够了吗？"

孟子说："喜欢听取善言的人，治理天下都有余了，何况（只是）治理鲁国呢？假如喜欢听取善言，四面八方的人都容易从千里之外赶来把善言告诉他；假如不喜欢听取善言，那别人就会模仿他说：‘呵呵，我都已经知道了！’他那自满的样子和脸色就会把别人拒绝于千里之外。士人在千里之外停止不来，那些进谗言的阿谀奉承之人就会来到。与那些进谗言的阿谀奉承之人住在一起，要想治理好国家，办得到吗？”

---

①乐正子：复姓乐正，名克。孟子的弟弟。

②好善：这里特指喜欢听取善言。

③优：有余。

④轻：易，容易，不以为难。

⑤訑（yí）訑：傲慢自满的样子。

⑥既：尽，都。

⑦距：通“拒”，拒绝。

⑧谗：说陷害人的坏话。谄：巴结，奉承。谀：讨好逢迎。

舜发于畎亩之中

本章是《孟子》中的名篇。孟子主要论述了“生于忧患，死于安乐”的道理。孟子认为大凡杰出人物都要经历一番苦难，并指出苦难能够使人意志更加坚定、身体更加健康、体验更加深刻、能力得到发挥、错误得以改正、思路得以打开、表达更加流畅，如此就具备了成就大事的条件。孟子还通过舜、傅说、胶鬲、管夷吾、孙叔敖、百里奚这六位杰出人物就是在卑贱的出身中磨炼了自己的意志，成就了安邦定国的大业的事例来说明自己的观点。孟子的这篇文章对后世影响很大，给予了无数身处逆境之人以奋发的精神力量。“生于忧患，死于安乐”，的确如此，这对于修身、治国都有着莫大的警醒作用。

原文

孟子曰：“舜发于畎亩[①]之中，傅说[②]举于版筑[③]之间，胶鬲[④]举于鱼盐之中，管夷吾举于士[⑤]，孙叔敖[⑥]举于海，百里奚举于市[⑦]。

“故天将降大任于是人也，必先苦其心志，劳其筋骨，饿其体肤，空乏其身，行拂乱其所为。所以动心忍性，曾[8]益其所不能。人恒过，然后能改；困于心，衡[9]于虑，而后作；征[10]于色，发于声，而后喻。

“入则无法家拂士[11]，出则无敌国外患者，国恒亡。然后知生于忧患，而死于安乐也。”

译文

孟子说：“舜从田间劳动中成长起来，傅说从筑墙的工作中被选拔出来，胶鬲被选拔于鱼盐的买卖之中，管仲被提拔于囚犯的位置上，孙叔敖在海边被发现，百里奚从市场上被选拔出。

“所以，上天将要把重大使命降落到某人身上，一定要先使他的意志受到磨炼，使他的筋骨受到劳累，使他的身体忍饥挨饿，使他备受穷困之苦，做事总是不能顺利。以这样的方式来动摇他的心志，坚韧他的性情，增长他的才能。人总会犯错误，然后才能改正错误；心气郁结，殚思极虑，然后才能奋发而起；显露在脸色上，表达在声音中，然后才能被人了解。

“一个国家，在国内没有守法的大臣和辅佐的贤士，在国外没有敌对的国家所带来的忧患时，往往容易亡国。由此可以知道，忧患使人生存，安逸享乐足以使人败亡。”

---

①畎（quǎn）亩：田间，田地。

②傅说（yuè）：殷武丁时人，曾为刑徒，在傅岩筑墙，后被武丁发现，举用为相。

③版筑：古人筑墙时，用两版相夹，实土其中，以杵筑之。

④胶鬲（gé）：殷纣王时人，曾以贩卖鱼、盐为生，周文王把他举荐给纣，

后辅佐周武王。

⑤管夷吾：管仲。当年齐桓公和公子纠争夺君位，公子纠失败后，管仲随他一起逃到鲁国，齐桓公知道他贤能，所以要求鲁君杀死公子纠，而把管仲押回齐国由自己处理。鲁君于是派狱囚管理者押管仲回国，后来在鲍叔牙的推荐下，齐桓公任用管仲为宰相。士：此处指狱囚管理者。

⑥孙叔敖：春秋时楚国的隐士，隐居在海边，被楚王发现后任为令尹（宰相）。

⑦百里奚举于市：春秋时的贤人百里奚，流落到楚国，秦穆公用五张羊皮的价格把他买回，任为宰相，所以说“举于市”。

⑧曾：通“增”。

⑨衡：通“横”，横塞，不顺。

⑩征：表征，表现。

⑪法家：有法度的大臣。拂士：即辅佐的贤士。拂，通“弼”，辅佐。

易其田畴

在本章中，孟子说明了财富的重要性。孟子首先介绍了富民的思路。一是减少赋税，使百姓搞好耕种，用今天的话说就是开源。二是对财物的使用要遵循时间和礼法，不滥用，用今天的话说就是节流。如此就增加了物质财富，自然也就增加了人民的生活资料。其次，孟子介绍了人民富裕带来的好处。百姓的生活资料充足了，相互之间就能相互帮助了。这就是富而知礼了，最后百姓也都会变得仁爱了。百姓的仁爱来自于百姓的富裕，百姓的富裕来自于仁政的实施。孟子的民富懂仁爱的思想与管子“仓廪实而知礼节”的思想是一脉相承的。

原文

孟子曰：“易其田畴[①]，薄其税敛，民可使富也。食之以时，用之以礼，财不可胜用也。民非水火不生活，昏暮叩人之门户求水火，无弗与者，至足矣[②]。圣人治天下，使有菽粟如水火。菽粟如水火，而民焉有不仁者乎？”

译文

孟子说："搞好耕种，减轻税收，可以使老百姓富足。饮食有一定的时候，费用有一定的节制，财物便能用之不尽。老百姓离开了水与火就不能够生活。可是，当有人在黄昏或夜晚敲别人的门，求水与火时，没有不给予的。为什么呢？因为水、火都很充足。圣人治理天下，使老百姓的粮食像水与火一样充足。如果粮食像水与火一样充足了，老百姓哪有不仁爱的呢？"

---

①易：治。田畴：耕地，田地。

②矣：通"也"。

孔子登东山而小鲁

本章中孟子论述了两个问题，一个是地位决定眼界与志向的问题，一个是如何学习的问题。孟子认为，一个人的志向和眼界受他所处的环境的影响。人如果处在大环境中，那么眼界也会变得高远广阔。为此，孟子举了很多例子，如孔子登上东山感觉鲁国变小了，等他登上更高的泰山时便感到天下变小了。这是典型的地位决定眼界。后面又提到在孔子门下学习过，别的思想就很难吸引他了。关于如何学习，孟子认为学习就像观水一样有一定的方法。此处孟子以水和日月之光作比，强调在学习中想要成功，必须遵循踏实、无遗漏、有条理、循序渐进的方法。

原文

孟子曰："孔子登东山①而小鲁，登泰山而小天下。故观于海者难为水，游于圣人之门者难为言。观水有术，必观其澜。日月有明，容光②必照焉。流水之为物也，不盈科不行；君子之志于道也，不成章③不达。"

译文

孟子说:“孔子登上东山，就觉得鲁国变小了；登上泰山，就觉得整个天下都变小了。所以，看过大海的人，便难以被其他水所吸引；那些在圣人门下学习过的人，便难以被其他言论所吸引。观赏水有一定的方法，一定要观赏它壮阔的波澜。太阳月亮有光辉，(凡是能)容纳光线的小缝隙都能照到。流水这种东西，不把坑坑洼洼填满就不向前流；君子立志于道，不到一定的程度不能通达。”

---

①东山：赵岐注:“东山，盖鲁城东之高山。”

②容光：指能够容纳光线的小缝隙。

③成章：古称乐曲终结为一章。这里指事物达到一定程度，有一定规模。

有为者

本章中，孟子通过一个掘井的寓言故事来讲道理。掘井，如果每次只挖到六七丈则永远挖不到水，其原因就是没有坚持。这里孟子谈的何止是挖井，做任何事情都是如此。《尚书》中有“为山九仞，功亏一篑”之句；《论语》中有“譬如为山，未成一篑，止，吾止也。譬如平地，虽覆一篑，进，吾往也”。看来，无论是孔子还是孟子，都反对半途而废，激赏积极进取。这也算是儒家先贤所着力推崇的一种风范吧。时至今日，仍然能激励我们。

原文

孟子曰：“有为者辟①若掘井，掘井九轫②而不及泉，犹为弃井也。”

译文

孟子说：“做事好比掘井，掘到六七丈深还没有挖到泉水，仍然只是一口废井。”

---

①辟：通“譬”。

②九轫：轫，通“仞”，古代量词，八尺或七尺为一仞；九轫则相当于六七丈。

道则高矣美矣

孟子在本章中主要谈到了人们对于大道的追求。孟子对既高又美的道的认识包括相互联系的两层意思。一是道不能降格以求。这里的道应该就是孟子所谓的仁，也可以理解为真理。我们不能因为追求道（仁、真理）的困难或目标高远而降低标准或目标。从教育的角度来说也是一样，高明的老师不能因为懒惰愚笨的学生而改变或放弃准则。二是所谓“君子引而不发，跃如也”。就是说，善于引导的老师总是给学生留有消化理解的余地，重在传授方法，以身作则，激发学生在学习中的主动性与积极性，启发学生理解，激发他们跃跃欲试的愿望。这里，孟子巧妙地把教育与学习的问题与儒学所标榜的道德标准“中道而立”即中庸联系在一起。

原文

公孙丑曰：“道则高矣、美矣，宜若登天然，似不可及也。何不使彼为可几及，而日孳孳[①]也？”

孟子曰：“大匠不为拙工改废绳墨，羿不为拙射变其彀率[②]。君子引而不发，跃如也。中道而立，能者从之。”

译文

公孙丑说："道是很高很好的，但就像登天一样，似乎高不可攀。为什么不使它成为可以攀及的，因而叫人每天都去勤勉努力呢？"

孟子说："高明的工匠不因为拙劣的工人而改变或者废弃规矩，羿绝不会因为拙劣的射手而改变拉弓的标准。君子张满了弓而不发箭，只做出要射的样子。他恰到好处地做出样子，有能力学习的人便跟着他做。"

①孳孳：通"孜孜"，勤勉。

②彀率：拉开弓的标准。彀，张弓瞄准的技巧。率，一定的标准或比率。

尽信《书》则不如无《书》

孟子在读书时发现《尚书·武成》中有“血流漂杵”的记载，孟子以为不足为信。周武王是讲仁义的君主，商纣王是不仁的君王。周灭商不会有“血流漂杵”的情况，而应该出现商人倒戈相向的情况。《尚书》是历史著作，追求“直笔”，但仍有不足为信的地方。这说明了两个问题：一是孟子在读书时是善于思考的；二是孟子对儒家经典中的说法不盲从。怀疑是治学的开始，孟子认为“尽信《书》，则不如无《书》”，这种说法很有道理。这种说法也得到了后世学者的一致认同。

原文

孟子曰：“尽信《书》，则不如无《书》。吾于《武成》①，取二三策②而已矣。仁人无敌于天下，以至仁伐至不仁，而何其血之流杵也？”

译文

孟子说：“完全相信《尚书》，不如没有《尚书》。我对于《尚书》中的《武成》篇，就只取其中二三页罢了。仁人无敌于天下，武王那样讲仁义的人去讨伐商纣那样不仁的人，怎么会血流得把舂米的木棒都漂起来呢？”

①《武成》:《尚书》篇名，早已亡佚。东汉王充《论衡·艺增篇》上说:“夫《武成》之篇，言武王伐纣，血流浮杵。助战者多，故至血流如此。”

②策：竹简。

民为贵

春秋战国时期，国家更替频繁，众多思想家针对君民之间的关系提出了自己的理论。在本章中，孟子提出了“民贵君轻”和“得民则为君”的理论。孟子“仁政”思想的根本就是民本思想。在孟子的政治理论中，君主不是高不可攀、不可动摇的。在《齐宣王问卿》中，孟子提出如果君主有错，在多次劝说不改的情况下可以将其废掉。这和“民为贵，社稷次之，君为轻”的思想从根本上说是一致的。其中“得乎丘民而为天子”俨然就是“得民心者得天下”的早期版本，是对“民为贵”的解释和说明。在孟子的思想中，君主和臣子是一种合作的关系，如孟子所认为的“君之视臣如草芥，则臣视君如寇仇”。这种种说法都是“民贵君轻”思想的具体表现。如此看来，孟子“民为贵”的政治思想是自成体系的。

原文

孟子曰：“民为贵，社稷[①]次之，君为轻。是故得乎丘[②]民而为天子，得乎天子为诸侯，得乎诸侯为大夫。诸侯危社稷，则变置。牺牲[③]既成，粢盛既洁[④]，祭祀

以时，然而旱干水溢，则变置社稷。”

译文

孟子说：“百姓最为重要，国家其次，国君为轻。所以，得到民心的做天子，得到天子欢心的做诸侯，得到诸侯欢心的做大夫。如果诸侯危害到国家，就改立诸侯。祭祀用的牲畜已经肥壮，谷物也已洁净，并按时举行祭祀，但仍然遭受旱灾水灾，那就改立国家。”

---

①社稷：古代帝王或诸侯建国时，都要立坛祭祀“社”“稷”。所以，“社稷”又是国家的代称。社，土神。稷，谷神。

②丘：众。

③牺牲：供祭祀用的纯色全体牲畜。

④粢（zī）盛既洁：盛在祭器内的祭品已洁净了。粢，古代供祭祀用的谷类。

山径之蹊间

本章中，孟子讲述了一个茅草塞路的寓言故事。这个寓言故事表面看来是讲山间的小路要经常走才不会长出茅草，实际上讲的是人心需要经常护养。文中孟子对高子说的这番话是教育高子要经常听取仁义之言，否则时日一长自己内心就会为杂念所占。其实，这则寓言告诉我们的远不止这些。孔子常说："学而时习之，不亦说乎？"（《论语·学而》）这里的"时习"，就是为了不让茅草堵塞住学习的思路。看来，我们无论是学习还是养心，都要有一种坚持的精神。只有坚持仁义之道，才会使我们茅塞顿开，心澈神明。

原文

孟子谓高子①曰："山径之蹊②间，介然③用之而成路；为间④不用，则茅塞之矣。今茅塞子之心矣。"

译文

孟子对高子说："很窄的山间小路，经常有人行走便被踏成了一条路；过一段时间没有人去走它，（它）又会被茅草堵住。现在茅草把你的心也堵住了。”

①高子：齐国人，孟子的学生。

②山径之蹊：泛指很窄的山间小路。径，山坡。蹊，小路。

③介然：本指意志专一而无旁骛，这里是经常不断的意思。

④为间：即“有间”，短时，为时不久。

人皆有所不忍

孟子认为人都有不忍心干的事情，不肯干的事情；都有不想害人的心，都有不想干坏事、自重自爱的心。这一切都是因为人有善恶之心，有羞耻之心，有是非之心。这些都是由仁义这一人的本性所决定的。如果把这种仁义的精神扩大，那么仁义对我们来说就会取之不尽。这就是仁义的扩充，这和“以其爱及其所不爱”的精神是一致的，都是仁义精神的延伸。同时，孟子批评了用攀谈和沉默的方式探寻仁义，并从中获利的卑劣行径。

原文

孟子曰：“人皆有所不忍，达之于其所忍，仁也；人皆有所不为，达之于其所为，义也。人能充无欲害人之心，而仁不可胜用也；人能充无穿逾之心，而义不可胜用也；人能充无受尔汝[①]之实，无所往而不为义也。士未可以言而言，是以言餂之也[②]；可以言而不言，是以不言餂之也，是皆穿逾之类也。”

译文

孟子说："人人都有不忍心干的事，把这种不忍心推到他所忍心去干的事上，就是仁；人人都有不肯去干的事，把这种不肯的心推到他所肯干的事上，就是义。一个人能把不想害人的心理扩展开去，仁就用不尽了；一个人能把不愿挖洞翻墙行窃的心理扩展开去，义就用不尽了；一个人能把不愿受人轻蔑的心理扩展开去，那么无论到哪里，言行都是符合义的了。士人，不可以交谈而去交谈，这是用言语诱骗对方来取利；可以交谈却不去交谈，这是用沉默诱骗对方来取利，这些都是挖洞翻墙一类的行径。"

---

①尔汝：尔、汝，都是第二人称代词，古代尊长称呼卑幼时用，如果平辈之间用来称呼，则是对对方的轻视。

②餂（tiǎn）：诱取。

说大人则藐之

本章中，孟子讨论的是人格。孟子非常重视人格，养浩然之气就是培养自己大丈夫的人格。大丈夫的人格论是孟子思想的重要组成部分。“说大人，则藐之”，就是讲向诸侯进言的时候要轻视他，不要把他的地位放在眼中。这和传统的儒家思想是截然不同的。其原因就是诸侯不合礼制的衣食住行都是孟子所鄙视的。孟子鄙视诸侯的勇气来自自己的志向，及其对古制的遵从。这里孟子甚至认为君主的人格比普通人低下。当然，类似的表达在其他章节也有表述，如《孟子将朝王》中，齐宣王召见孟子，孟子不去就是一例。其中引用曾子的一段话尤其能说明这个道理：“曾子曰：‘晋楚之富，不可及也。彼以其富，我以吾仁；彼以其爵，我以吾义。吾何慊乎哉？’”孟子的这种思想与其大丈夫的修养是完全一致的。

原文

孟子曰：“说[1]大人，则藐之，勿视其巍巍然。堂高数仞，榱题[2]数尺，我得志弗为也；食前方丈，侍妾数百人，我得志弗为也；般乐饮酒，驱骋田猎，后车千乘，我得志弗为也。在彼者，皆我所不为也；在我者，皆古之制也。吾何畏彼哉？”

译文

孟子说：“向位高显贵的人进言，要藐视他，不要把他的显赫地位和权势放在眼里。哪怕他殿堂高两三丈，屋檐宽好几尺，如果我得志，并不屑于这些；哪怕他佳肴满桌，侍奉的姬妾好几百人，如果我得志，并不屑于这些；哪怕他饮酒作乐，驰驱打猎，随从车辆成百上千，如果我得志，并不屑于这些。他所拥有的，都是我不屑于有的；我所希望的，是古代的礼乐制度。我为什么要怕他呢？”

①说（shuì）：向……进言。

②榱（cuī）题：也叫“出檐”，屋檐的前端滴水处。此处指屋檐。

孔子在陈

本章反映了儒家对人物的评价标准。本章提到的“中道”，就是中庸。中庸，本意是不偏不倚，无过无不及。在本章中没有给“中道”以确切的含义，但有一点很明白——集大成的孔子都没有达到中道的境界。孟子重点批判了“乡原”，乡原就是处世没有原则、随波逐流，貌似中庸，实则八面玲珑的人。这种人为儒家所痛恨，被认为是“德之贼”。孟子批判乡原，主要是批判乡原的似是而非，就像是莠乱苗、佞乱义、利口乱诚信、郑声乱雅乐、紫色乱朱色一样可恶。他认为要使一切事物都回归正道，保持正道不被扭曲，这样老百姓就会积极向善，没有邪念了。综合本章，乡原固然可恶，对中庸那无人可及的道德高度的解释恐怕也非孟子原本的思想。

原文

万章问曰：“孔子在陈，曰：‘盍归乎来①！吾党之小子狂简，进取不忘其初。’孔子在陈，何思鲁之狂士？”

孟子曰：“孔子‘不得中道而与之，必也狂狷②乎！狂者进取，狷者有所不为也’。孔子岂不欲中道哉？不可必得，故思其次也。”

“敢问何如斯可谓狂矣？”

曰：“如琴张[3]、曾晳、牧皮[4]者，孔子之所谓狂矣。”

“何以谓之狂也？”

曰：“其志嘐嘐[5]然，曰：‘古之人，古之人！’夷[6]考其行而不掩焉者也。狂者又不可得，欲得不屑不洁之士而与之，是獧也，是又其次也。孔子曰：‘过我门而不入我室，我不憾焉者，其惟乡原[7]乎！乡原，德之贼[8]也。’”

曰：“何如斯可谓之乡原矣？”

曰：“‘何以是嘐嘐也？言不顾行，行不顾言，则曰：古之人，古之人。行何为踽踽凉凉[9]？生斯世也，为斯世也，善斯可矣。’阉然[10]媚于世也者，是乡原也。”

万子曰：“一乡皆称原人焉，无所往而不为原人，孔子以为德之贼，何哉？”

曰：“非之无举也，刺之无刺也；同乎流俗，合乎污世；居之似忠信，行之似廉洁。众皆悦之，自以为是，而不可与入尧舜之道，故曰‘德之贼’也。孔子曰：‘恶似而非者：恶莠[11]，恐其乱苗也；恶佞，恐其乱义也；恶利口，恐其乱信也；恶郑声，恐其乱乐也；恶紫，恐其乱朱也；恶乡原，恐其乱德也。’君子反经[12]而已矣。经正，则庶民兴；庶民兴，斯无邪慝[13]矣。”

译文

万章问道：“孔子在陈国时说：‘何不归去呢！我的那些学生自大而狂放，进取而不忘本。’孔子在陈国，为什么思念鲁国的那些狂放之士呢？”

孟子说：“孔子‘找不到言行合于中庸之道的人相交，那就必然是和狂与狷这两种人相交吧！狂的人具有进取精神，狷的人有所不为。’孔子难道不想和言行合于中庸之道的人相交吗？不一定能找到，所以只能求次一等的罢了。”

万章问：“请问什么样的人可以叫作狂放的人？”

孟子说：“如琴张、曾皙、牧皮这些人，就是被孔子称为狂放的人。”

万章问：“为什么说他们是狂放的人呢？”

孟子说：“他们志向很远大，言语很夸张，嘴里总是说：‘古人呀！古人呀！’可是一考查他们的行为，却和言语不相合。这种狂放之人如果也得不到，那就和洁身自好的人相交往，这些洁身自好的人就是孔子所说的狷者，是比狂者又次一等的人。孔子说：‘从我家门口经过却不进到我的屋里来，而我并不遗憾的，那就只有外表忠诚谨慎，实际上欺世盗名的好好先生了吧！好好先生是戕害道德的人。’”

万章问：“什么样的人是外表忠诚谨慎，实际上欺世盗名的人呢？”

孟子说：“好好先生批评狂者说：‘为什么这样志大言大呢？言语不能够和行为相照应，行为不能够和言语相照应，就只说，古人呀！古人呀！’又批评狷者说：‘为什么这样落落寡合呢？生在这个世界上，为这个世界做事，只要好就行了。’像宦官那样八面玲珑、四处讨好的人，就是好好先生。”

万章说：“一乡的人都说他是老好人，他也到处都表现得像个老好人，孔子却认为他是戕害道德的人，这是为什么呢？”

孟子说：“是啊，这种人，你要说他有什么不对，又举不出例证来；你要指责他却又好像无可指责。他只是同流合污，为人好像忠诚老实，行为好像清正廉洁，大家都很喜欢他，他自己也认为自己很不错，但实际上，他的所作所为却并不合于尧舜之道，所以说，他是‘戕害道德的人’。孔子说：‘我厌恶那些似是而非的东西：厌恶狗尾巴草，怕的是它搞乱禾苗；厌恶花言巧语，怕的是它搞乱正义；厌恶夸夸其谈，怕的是它搞乱信实；厌恶郑国的乐曲，怕的是它搞乱雅乐；厌恶紫色，怕的是它搞乱正宗的红色；厌恶外表忠诚谨慎，实际上欺世盗名的人，怕的是他搞乱道德。’君子的所作所为不过是为了让一切回到正道罢了。回到正道，老百姓就会振作起来；老百姓振作起来，也就没有奸邪了。”

---

①盍：何不。来：句末助词，无义。

②狷：坚守己志，不屈从于人。

③琴张：人名，孔子的学生。

④牧皮：人名，孔子的学生。

⑤嘐（xiāo）嘐：志大言大的样子。

⑥夷：平。或认为作语首词，无义。

⑦乡原（yuàn）：也作“乡愿”，指外表忠诚谨慎，实际上欺世盗名的人。

⑧贼：残害。

⑨踽（jǔ）踽：孤独的样子。凉凉：淡薄，冷漠。

⑩阉然，像宦官那样巴结逢迎的样子。阉，指阉人，即宦官。

⑪莠：狗尾巴草。

⑫反：通“返”。经：正道，常道。

⑬慝（tè）：奸邪。

名著知识要点

作者及年代	孟子（约前 372 ~ 前 289），名轲，字子舆。战国时期邹国人。中国古代著名思想家、政治家、教育家，战国时期儒家代表人物。孟子继承并发扬了孔子的思想，成为仅次于孔子的一代儒家宗师，对后世中国文化的影响全面而巨大，有“亚圣”之称，与孔子合称为“孔孟”。 《孟子》是儒家的经典著作之一，由孟子及其弟子万章等共同编撰而成。全书现存七篇，记录了孟子及其弟子的政治、教育、哲学、伦理等思想观点和政治活动，集中体现了孟子的政治和道德思想。
地位与影响	《孟子》与《论语》《大学》《中庸》合称为“四书”，是封建社会读书人的必读作品。《孟子》的内容涉及面很广，包括孟子的政治主张、哲学理论、教育纲领等，风格明畅、犀利，说理深入浅出、轻快流利、富于刺激性与说服力，对中国古代散文产生了重大影响。韩愈的《原道》与《与孟尚书书》等作品，明显受《孟子》风格的影响。
作家作品评价	宋代作家认为，孔子之后，唯孟子为“能言”，为“最知道”。苏洵认为，《孟子》之文，“语约而意尽，不为巉刻斩绝之言，而其锋不可犯”。鲁迅认为，《孟子》“生当周季，渐有繁辞，而叙述则时特精妙”。

文章主旨	《孟子》体现了孟子的政治主张和教育思想等内容，其核心是民本思想和性善论。孟子主张行仁政，提出了“民为贵，社稷次之，君为轻”的观点，这种思想的基础是“性善论”。同时，孟子认为君子应该“以仁存心，以礼存心”，提倡与人为善、仁爱礼让。
艺术特色	善用譬喻，形象生动。 因势利导，说服力强。 语言简练，短小精悍。 寓言说理，精辟生动。

阅读自我测试

1. 阅读下面文言文，回答问题。

孟子曰："今之事君者曰：'我能为君辟土地，充府库。'今之所谓良臣，古之所谓民贼也。君不乡道，不志于仁，而求富之，是富桀[①]也。'我能为君约与国，战必克。'今之所谓良臣，古之所谓民贼也。君不乡道，不志于仁，而求为之强战，是辅桀也。由今之道无变今之俗虽与之天下不能一朝居也。"

[注]①桀：夏桀，暴君。

（1）用斜线（/）给文中画波浪线的句子断句。

由 今 之 道 无 变 今 之 俗 虽 与 之 天 下 不 能 一 朝 居 也 。

（2）将文中句子翻译成现代汉语。

①今之事君者曰："我能为君辟土地，充府库。"

____

②君不乡道，不志于仁，而求为之强战，是辅桀也。

____

2.阅读下面的文言材料，回答问题。

齐人伐燕，胜之。宣王问曰:“或谓寡人勿取，或谓寡人取之。以万乘之国伐万乘之国，五旬而举之，人力不至于此。不取，必有天殃。取之，何如？”孟子对曰:“取之而燕民悦，则取之。古之人有行之者，武王是也。取之而燕民不悦，则勿取。古之人有行之者，文王是也。以万乘之国伐万乘之国，箪食壶浆，以迎王师，岂有他哉？避水火也。如水益深，如火益热，亦运而已矣。”(《孟子·梁惠王下》)

（1）将文中句子翻译成现代汉语。

①五旬而举之，人力不至于此。

____

②古之人有行之者，武王是也。

____

③箪食壶浆，以迎王师。

____

（2）本文段体现了孟子的什么观点？（用自己的话回答）

____

3.阅读下面《孟子》选段，回答问题。

孟子曰:“孔子登东山而小鲁，登泰山而小天下，故观于海者难为水，游于圣人之门者难为言。观水有术，必观其澜。日月有明，容光[①]必照焉。流水之为物也，不盈科不行；君子之志于道也，不成章不达。”(《孟子·尽心上》)

[注]①容光：能够容纳光线的小缝隙。

(1)将文中的句子翻译成现代汉语。

①游于圣人之门者难为言。

____

②日月有明，容光必照焉。

____

(2)孟子说的“君子之志于道也，不成章不达”这句话，告诉我们一个怎样的学习道理？

____

参考答案

1.（1）由今之道／无变今之俗／虽与之天下／不能一朝居也。

（2）①如今侍奉国君的人说："我能为国君开辟疆土，充实府库。"

②君王不向往道德，不追求仁政，（侍奉国君的人）却去想办法让他武力强大，这等于是去帮助像夏桀一样的暴君。

2.（1）①五十天就攻下了它，光凭人力是做不到的。

②古人有这样做的，武王就是。

③用竹筐装着饭，用酒壶盛着酒浆，来迎接大王您的军队。

（2）统治者应顺应民意，才能受到拥戴。

3.（1）①那些在圣人门下学习过的人，便难以被其他言论所吸引。

②太阳月亮有光辉，（凡是能）容纳光线的小缝隙都能照到。

（2）学习应当积累，积累到一定程度，就能由此及彼，通达事理。